August Kretzschmar

Des Goldes Fluch und Segen

Ein Lebensbild von August Kretzschmar

August Kretzschmar

Des Goldes Fluch und Segen
Ein Lebensbild von August Kretzschmar

ISBN/EAN: 9783743315105

Hergestellt in Europa, USA, Kanada, Australien, Japan

Cover: Foto ©ninafisch / pixelio.de

Manufactured and distributed by brebook publishing software
(www.brebook.com)

August Kretzschmar

Des Goldes Fluch und Segen

Die Erbschaft

oder

Des Goldes Fluch und Segen.

Ein Lebensbild

von

August Kretzschmar.

Erster Band.

Leipzig, 1868.
Verlag von C. F. Schmidt.

Druck von F. W. Gleißner in Plauen.

Die Erbschaft.

Erstes Kapitel.
Bei dem armen Notar.

„Schlaf, schlaf mein Kind," sagte eine noch junge, aber sehr bleiche, abgezehrte Frau, die an dem dürftigen Lager eines kleinen, etwa dreijährigen Mädchens saß.

Die unstät umherirrenden, unheimlich leuchtenden Augen der Kleinen, ihre dunkelroth glühenden Wangen, der Schweiß, der ihr in dicken, zitternden Perlen auf der Stirn stand, das selbst in einer Entfernung von vier bis fünf Schritt noch deutlich hörbare Pochen des Herzens — alles dies verrieth, daß das Kind von einem bösen Fieber gequält ward, welches, wenn nicht bald eine günstige Wendung eintrat, diesem zarten Leben in wenigen Tagen, ja vielleicht schon in wenigen Stunden ein Ende machen mußte.

„Schlaf, schlaf mein Kind!" wiederholte die arme Mutter, indem sie die feuchte, klebrige Hand des Kindes an ihre bebenden Lippen drückte. „Schlaf, mein Lenchen, und wenn Du wieder aufwachst, so wirst Du gesund sein."

„Und ist dann auch Papa wieder da?" fragte die Kleine, deren in dem kindischen Hirn sich wild kreuzende Gedanken immer wieder auf diese, von ihr wohl schon hundertmal gethane Frage zurückkamen; „ist dann auch Papa wieder da?"

„Ja, ganz gewiß ist er dann wieder da," antwortete die bleiche Mutter im Tone fester Ueberzeugung.

Diese Ueberzeugung war eine erheuchelte, denn schon seit zwei Tagen sah die Mutter der Rückkehr des Vaters, obschon bis jetzt vergebens, entgegen.

Sie war deshalb auch jetzt keineswegs überzeugt, daß der, nach welchem die Kleine so unaufhörlich und so ängstlich fragte, bei ihrem Erwachen wirklich wieder da sein würde, und sie sagte es blos, um das Kind zu beschwichtigen und zum Einschlafen zu bringen.

Es war ein frommer Betrug.

Zum Glück schien derselbe von dem gewünschten
Erfolge begleitet sein zu sollen.

Die kleine Patientin schien durch die im Tone
so bestimmter Zuversicht ausgesprochenen Worte ihrer
Mutter wirklich beruhigt zu werden.

Nachdem sie die Augen einige Secunden lang
auf das bleiche mütterliche Antlitz geheftet, schloß sie
dieselben und wenige Minuten später sah und hörte
man an dem ruhiger und immer gleichmäßiger wer=
denden Athemzuge, daß der so lange herbeigesehnte
Schlaf sich endlich wirklich eingefunden hatte.

„Gott sei Dank, sie schläft!" flüsterte die arme
Mutter mit frommem, dankbarem Aufblick gen
Himmel. „Nun kann ich vielleicht auch ein wenig
ruhen."

Indem sie dies aus Furcht, den eben erst be=
ginnenden Schlaf der Kleinen zu stören, mehr dachte
als sagte, erhob sie sich von dem alten, wackeligen
und sonst noch schadhaften Rohrstuhl, auf welchem
sie bis jetzt am Lager des kranken Kindes gesessen,
stellte ein krummgebogenes breites Stück Pappe als
Schirm vor das mattbrennende Nachtlicht, einen so=
genannten Schwimmer, und bewegte sich dann ei=
nige Schritt nach einem Winkel des kleinen Zimmers.

Hier stand ein von Alter und Gebrauch ganz
schwarz und blank gewordener, mit Leder überzogener,

1*

Armstuhl, dessen Sitz so tief war, daß die Person, welche darin Platz nahm, die Füße unwillkürlich lang vor sich hinstreckte und dann, wenn sie Kopf und Rücken an die breite schräge Lehne zurückfallen ließ, sich in einer mehr liegenden als sitzenden Stellung befand.

Daß eine solche Lage eine höchst bequeme und die Ruhe fördernde ist, weiß Jeder, der einmal in einem so altmodischen Möbel gesessen hat, aus eigner Erfahrung.

Die zum Schlaf einladende Eigenschaft des alten Stuhls bewährte sich auch in dem gegenwärtigen Falle, denn kaum hatte die arme bleiche Mutter darin Platz genommen und das müde, sorgenschwere Haupt an die Lehne zurücksinken lassen, so schloß auch schon der Traumgott sie in seine mitleidige Umarmung und ließ sie, wenigstens auf eine kurze Spanne Zeit, den Jammer vergessen, der sie, so lange sie wach war, unablässig quälte.

Aus dem Umstande, daß die Beleuchtung des Zimmers mittelst eines armseligen Nachtlichts bewirkt ward, darf man nicht schließen, daß die Nacht schon weit vorgerückt gewesen wäre.

Im Gegentheile, es war noch ziemlich zeitig, et= wa acht Uhr Abends. Man stand jedoch erst im zweiten Monat des Jahres, wo der Tag ein immer noch sehr kurzer ist, so daß draußen schon seit länger als zwei Stunden vollständige Dunkelheit herrschte.

Das armselige Nachtlicht brannte einfach aus dem Grunde, weil es von allen Beleuchtungsarten die wohlfeilste war.

Die Armuth, welche in diesen engen Räumen herrschte, war so bitter und so groß, daß von Paraffinker=zen, Moderateurlampen, Gasflammen und andern der=gleichen Lichtquellen, welche in den Wohnungen der Mehrbemittelten die Nacht in Tag verwandeln, nicht die Rede sein konnte.

Sogar ein einfaches Talglicht wäre hier, wo es an Brot zum Sattessen fehlte, ein unverzeihlicher Luxus gewesen.

Draußen in den Straßen der bedeutenden Pro=vinzialhauptstadt, in welcher dieser erste Akt unserer Geschichte spielt, herrschte daher auch noch reges Leben.

Da mehrere der Personen, welche in diesem Drama auftreten, noch am Leben sind, so verbietet uns die Discretion, den wirklichen Namen dieser Stadt zu nennen, weshalb wir sie hier mit dem fingirten Namen Waldenburg bezeichnen.

Der Lärm der rollenden Equipagen, Droschken, Omnibusse, Lastkarren und anderer Fuhrwerke, drang zuweilen bis in das kleine Nebengäßchen herein, wo

das Haus stand, in dessen oberste niedrige Räume
wir den Leser eingeführt haben.

Dieses Geräusch war, als die arme Mutter
seit etwa einer Viertelstunde eingeschlafen war, ein=
mal so stark, daß es nicht blos von den andere
Straßen passirenden Fuhrwerken herrühren konnte, son=
dern gleichzeitig und zwar hauptsächlich von einem, wel=
ches in das Nebengäßchen selbst hereinkam und vor dem
Hause, von welchem wir eben sprechen, Halt machte.

Die Schlafende hörte davon nichts, denn sie
schlief ganz fest.

Hätte sie aber auch etwas davon gehört, so
würde sie dennoch nicht, wie man vielleicht glaubt,
auf die Vermuthung gekommen sein, daß es ihr schon
seit drei Tagen stündlich erwarteter Mann sei, der
endlich auf diese Weise wieder heimkehre.

Sie wußte, daß ihm keine stolze Carrosse, ja
bei der tiefen Ebbe seiner Finanzen nicht einmal eine
simple Droschke zur Verfügung stand, und daß er
ganz auf dieselbe Weise, wie er fortgegangen, auch
wieder zurückkommen würde, nämlich schlicht zu Fuße,
wie es sich für arme Leute gehört.

Sobald der Wagen vor dem unscheinbaren Hause
Halt gemacht, öffnete sich der Schlag und es stieg ohne
weitere Beihülfe eine hochgewachsene stattliche Dame
heraus, deren Bewegungen unverkennbar jugendlich

waren und in Bezug auf welche man, trotzdem, daß
sie jetzt einen langen, weiten Mantel übergeworfen
und dadurch ihre übrige Kleidung unsichtbar gemacht,
sofort errieth, daß sie der feinen, eleganten Welt
angehörte.

Ihren Kutscher schien sie schon vorher genau in=
struirt zu haben, denn dieser drehete, nachdem er
seine Pferde angehalten, blos ein wenig den Kopf
herum und fuhr dann, sobald die Dame die Wagen=
thür hinter sich wieder ins Schloß geworfen, rasch
weiter in das Gäßchen hinein oder vielmehr auf der
Seite wieder aus demselben hinaus in eine der bei=
den größeren Straßen, in welche es rechts und links
einmündete.

Fast gebückt schritt die Dame über die Schwelle
in die Hausflur, welche spärlich von einer knisternd
brennenden Oellampe erleuchtet ward, die in einer
an der Wand befestigten aufwärts gerichteten Glas=
glocke hing.

In dem Erdgeschoß des Hauses befand sich eine
kleine Kneipe, die vorzugsweise von Eckenstehern,
Packträgern, Dienstmännern, Handarbeitern, und
andern dergleichen Leuten besucht ward.

Solche Gäste sprechen, besonders wenn ihrer
viele beisammen sind und sie in Folge der genossenen
Getränke „mobil" zu werden anfangen, in der Regel

nicht durch die Fistel und thun auch sonst, was Auf=
schlagen mit den Fäusten auf die Tische und Stampfen
mit den Füßen auf die Dielen betrifft, sich nicht
gern Zwang an.

Auch in dem gegenwärtigen Augenblicke ging es
in der kleinen Kneipe, welche gerade in den Abend=
stunden von Sieben bis Zehn in der Regel am stärk=
sten besucht ward, sehr laut und geräuschvoll zu.
Diesem Umstande hatte die Dame es zu danken,
daß nicht blos das Vorfahren ihres Wagens unbe=
merkt blieb, sondern daß sie auch völlig ungesehen
die Hausflur· passiren und die erste Treppe ersteigen
konnte.

Diese erste Treppe — es gab deren im ganzen
Hause überhaupt nur zwei — ward noch nothbürftig
von der in der Hausflur brennenden Oellampe
erleuchtet.

Oben aber, auf dem Vorplatze der ersten Etage
oder vielmehr des ersten Stockwerks — Etage ist für
ein solches Haus ein zu feiner Ausdruck — herrschte
völlige Finsterniß.

Dieser Vorplatz führte zu dem Wohnzimmer des
Wirths, eines alten Mannes, der mit seiner ebenso
alten Frau sein ganzes Geschäft allein besorgte und
dem zufolge jetzt unten in der Gaststube thätig war.

Das Wohnzimmer war daher leer und ver=
schlossen.

Die Dame schien die erschwerenden Umstände,
von welchen der Besuch eines solchen Hauses zur
Abendzeit begleitet zu sein pflegt, vorausgesehen zu
haben.

Als sie die erste Treppe erstiegen hatte und auf
dem dunkeln Vorplatz stand, nahm sie, ehe sie weiter=
ging, aus der Tasche ihres Mantels eines jener nied=
lichen Feuerzeuge hervor, die so ungemein praktisch
sind.

Sie bestehen in einem blechernen Büchschen,
welches Streichwachskerzen enthält. Man nimmt eins
davon heraus, setzt es durch Anstreichen an der Mauer
in Brand, steckt es dann in die auf dem Deckel des
wiedergeschlossenen Büchschens angebrachte Dille und
kann sich damit, wie mit einem kleinen niedlichen
Leuchter, drei, ja wenn es sein muß und man sich
dazuhält, vier Treppen hoch hinaufleuchten.

Nachdem die Dame sich auf diese Weise Licht
verschafft, wollte sie ihren Weg weiter fortsetzen und
auch die zweite Treppe hinaufsteigen, wo sie dann,
wie sie wußte, das Ziel ihrer Wanderung erreicht
hatte.

Als sie jedoch an der ersten Thür, die, wie wir
soeben bemerkt, zum Wohnzimmer des Haus= und

Schankwirths führte, vorbei war, bemerkte sie noch
eine zweite Thür und an dieser ein Namenschild,
dessen schöne, große, goldene Buchstaben auf dunkel-
blauem Grund mit breitem, ebenfalls goldenem Rande
zu der Armseligkeit, die sonst in diesem Hause zu
herrschen schien, einen seltsamen Gegensatz bildeten.

Die Dame hob ihren kleinen zierlichen Leuchter
zu dem Schild empor und las:

„Laura."

Nur dieser Vorname stand da; ein Familienname
war nicht beigefügt.

„Sonderbar!" murmelte die Dame, nachdem sie
gelesen, kopfschüttelnd, schien sich aber durch diese
Wahrnehmung von der eigentlichen Absicht, in welcher sie gekommen, nicht abwendig machen lassen zu
wollen.

Sie wendete sich deshalb von der Thür hinweg
und wollte eben den Fuß auf die in unmittelbarer
Nähe beginnende zweite Treppe setzen, als plötzlich
die Thür mit dem schönen Namenschild aufgeworfen
ward.

In dem auf diese Weise freigewordenen Rahmen
und in der zwiefachen Beleuchtung des in der Stube
auf einem Tische stehenden Lichts und des Wachskerz-
chens, welches die Dame in der Hand hielt, ward

eine Erscheinung sichtbar, welche man in diesem Hause nicht so leicht gesucht hätte.

Es war eine junge Dame von eben so stattlichem, aber fast noch höherem Wuchse, als die, welche jetzt überrascht einen Schritt vor ihr zurücktrat. Rabenschwarzes Haar fiel in langen Locken auf blendend weiße Schultern herab, die Augen, aus welchen südliche Gluth leuchtete, hefteten sich mit durchbohrendem, fast wildem Ausdruck auf die unbekannte Besucherin und die trotzigvollen Lippen des kleinen Mundes öffneten sich zu der in ziemlich gutem Deutsch, aber gleichwohl mit fremdartigem Accent ausgesprochenen Frage:

„Was wollen Sie? Wen suchen Sie hier?"

„Ich will zu Frau Notar Hammermeister," antwortete fast verblüfft die Gefragte und betrachtete die ganz in schwarze Seide gekleidete Gestalt, die, wie aus ihrer Miene und dem Ton ihrer Worte hervorging, jedenfalls geglaubt hatte, daß die sich ihrer Thür nähernden Tritte einer ganz andern, vielleicht mit Sehnsucht erwarteten Persönlichkeit angehörten.

„Die wohnt eine Treppe höher," sagte die schöne Brünette und schlug dann ohne Weiteres die Thür mit einer Heftigkeit zu, welche dem Gefühl getäuschter Erwartung unzweideutigen Ausdruck lieh.

Zweites Kapitel.

Die Schwestern.

Als die schwarz gekleidete zürnende Erscheinung wieder hinter ihrer Thür verschwunden war, wendete sich die von ihr so kurz abgefertigte Dame wieder nach der Treppe und stieg dieselbe nun unverweilt und mit rascherem Schritt hinauf, als sie wahrscheinlich gethan haben würde, wenn dieses unerwartete Intermezzo nicht stattgefunden hätte.

Der Anlaß zu dieser schnelleren Bewegung lag theils in dem Umstand, daß das Wachskerzchen auf dem kleinen improvisirten Leuchter binnen wenigen Secunden zu Ende zu brennen drohete, theils in der sehr natürlichen Aufregung, in welche die Dame durch eine Begegnung versetzt worden, durch die sie nicht blos höchlich überrascht ward, sondern die auch eine Menge seltsame, wenn gleich unklare Gedanken in ihr anregen mußte.

Es dauerte daher nicht lange, so stand sie vor

der Thür, an welcher ein weit einfacheres und zwar nur aus einem mit Feder und Tinte beschriebenen Zettel bestehendes Thürschild ihr, wenn sie es nicht bereits gewußt, gesagt hätte, daß hier die Wohnung des Notars Heinrich Hammermeister war.

Nachdem sie sich hiervon zum Ueberfluß durch Beleuchtung des Namens mit ihrem Licht überzeugt, blies sie dasselbe aus und pochte leise an.

Es erfolgte keine Antwort und nachdem die Dame das Pochen mit demselben Mangel an Erfolg wie das erste Mal wiederholt, wartete sie nicht länger, sondern öffnete die Thür und trat ein.

Ein einziger Blick genügte, um ihr zu sagen, wes= halb ihr Pochen unbeantwortet geblieben.

In dem alten Lehnstuhl saß die arme, selbst kranke und von vielen Nachtwachen ermattete Mutter in so festem Schlaf, daß es eines weit stärkeren Ge= räusches, als dessen, welches die Eintretende machte, bedurft hätte, um sie zu erwecken.

„Ah, da sitzt sie und schläft, die arme Char= lotte!" murmelte die Dame unhörbar, indem sie dicht an der Schwelle stehen blieb und dann, nachdem sie ihren Blick einige Secunden lang auf der Schlum= mernden ruhen gelassen, denselben in dem ärmlichen Zimmer umherschweifen ließ.

Trotz der kärglichen Beleuchtung, die, wie wir

wissen, blos aus einem mattflackernden „Schimmer"
bestand, waren bei der Kleinheit des Zimmers und
der geringen Anzahl der darin befindlichen Gegenstände dieselben doch deutlich sichtbar.

In dem Winkel, welcher dem, worin der Lehnstuhl mit der Schlafenden stand, entgegengesetzt war,
stand das Bett des kranken, jetzt ebenfalls schlafenden Kindes mit dem alten Rohrstuhl daneben.

Dem Bett gegenüber, im dritten Winkel des Zimmers, sah man einen kleinen schwarzblechernen sogenannten Windofen, in welchem einige glimmende Torf-
ziegel nicht blos das Zimmer, sondern auch einige
Gefäße erwärmten, die in einigen in dem obern Theil
des Ofens angebrachten Vertiefungen standen und
theils dünnen Kaffee für die Mutter, wenn sie sich
wach halten wollte, theils Thee für das kranke Kind,
theils einige andere einfache Nahrungsmittel enthielten.

Der vierte Winkel des Zimmers war der, in
welchem die Thür angebracht war. Diese ließ blos
noch Platz für eine kleine Kommode, die als Stand-
und Aufbewahrungsort verschiedener zum täglichen
Gebrauche bestimmter Geräthschaften und Gegenstände diente.

In der Mitte des Zimmers stand ein länglich
runder Tisch von den geringen Dimensionen, welche

alle Gegenstände, die in diesem beschränkten Raum
Platz finden sollten, haben mußten.

Trotz seiner Kleinheit hatte das Zimmer doch
nicht weniger als drei Fenster, die aber natürlich
sehr niedrig und schmal waren und sich ziemlich dicht
beisammen befanden.

In der Nähe des ersten stand das Bett des
kranken Kindes, in der des dritten der alte Lehnstuhl
und an dem mittelsten ein Schreibtisch.

Dieser war, wie mit Gewißheit zu vermuthen
stand, das Terrain, wo der jetzt abwesende Notar
die Thätigkeit entwickelte, auf deren Ertrag er sich
mit den Seinigen hinsichtlich seiner Subsistenz ange=
wiesen sah.

Diese Thätigkeit konnte aber, wenigstens in der
letzten Zeit, keine sehr eifrige oder anhaltende ge=
wesen sein. Die sehr wenigen Scripturen, welche
auf dem Schreibtische und in den unterhalb zu beiden
Seiten angebrachten Fächern lagen, so wie das ein=
getrocknete Tintenfaß und die nur noch Stummel zu
nennenden zwei oder drei Federn, welche daneben
lagen, bewiesen, daß hier die advocatorische und No=
tariatspraxis sich in einem sehr enggezogenen Kreise
bewegte, ja vielleicht seit einiger Zeit gänzlich still=
stand.

Seitwärts von dem Schreibtisch, zwischen dem

mittelsten und dem dritten Fenster, hing ein kleiner
schmaler Spiegel, welcher mit einigen auf der anderen
Seite und seitwärts über dem Bett der Kleinen hän=
genden verräucherten Lithographieen unter Glas und
Rahmen den einzigen Schmuck ausmachte, welchen
diese Wohnung der Dürftigkeit aufzuweisen hatte.

Alles dies überblickte die Dame in dem langen
Mantel binnen wenigen Secunden und that dann
zwei oder drei Schritte vorwärts, bis sie in der
Mitte des Zimmers an dem ovalen Tisch stand.

„Arme Charlotte!" wurmelte sie wieder so un=
hörbar wie das erste Mal.

Zugleich legte sich ein häßlicher Ausdruck über
ihre sonst schönen und regelmäßigen Züge und sie
fuhr in demselben leisen Tone fort:

„Du sitzest, wie ich sehe, in der That in keinem
Rosengarten und scheinst sogar noch ärmer und un=
glücklicher zu sein, als man mir erzählt hat. Es ist
Dir aber schon recht."

Nachdem sie dies gesagt, wendete sie ihren Blick
von der schlafenden Mutter hinweg auf die ebenfalls
schlafende Kleine. Sie war nicht selbst Mutter, aber
der Anblick des kranken Kindes schien in dem harten
Herzen, welches sich durch die so eben gesprochenen
unfreundlichen Worte verrathen, doch sanftere Ge=
fühle zu erwecken.

Sie näherte sich mit behutsamem, lautlosem Schritt, setzte sich eben so geräuschlos auf den am Bett stehenden alten Stuhl und betrachtete die Kleine mit Blicken, in welchen sich die erwachten sanftern Empfindungen mit dem Ausdruck eines gleichzeitigen ununterdrückbaren Grolls auf seltsame Weise mischten.

„Ja, ja," sagte sie leise, nachdem sie Lenchens Züge eine Weile mit ihren stechenden dunkelbraunen Augen betrachtet; „das ist sein Kind und er könnte es nicht verleugnen. Das ist, wenn auch in kleinem Maaßstabe, dieselbe freie Stirn, das ist derselbe schön geformte Mund, das ist dieselbe gerade schlanke Nase, das sind dieselben schmalen langen Hände — mit einem Worte, wenn dieses Kind kein Mädchen wäre, so würde es in zwanzig Jahren ganz dieselbe Er= scheinung darbieten, durch welche sein falscher, ver= haßter Vater mein unerfahrenes, leichtgläubiges Herz und Auge blendete."

Während der Schlaf der Mutter im Lehnstuhl ein fast todtenähnlicher zu sein schien und alle ihre Glieder in die Fesseln der Unbeweglichkeit geschmiedet hielt, war der der kleinen Helene ein sehr unruhiger.

Das kranke Hirn in dem kleinen Kopfe arbeitete unaufhörlich und zauberte die wunderlichsten kindisch= abenteuerlichen Phantasmagorien hervor, die es fort= während quälten und beunruhigten und die Kleine

nicht zu dem eigentlichen stärkenden und beschwich=
tigenden Schlafe kommen ließen, der allein eine gün=
stige Wendung in ihrem gefährlichen Zustande her=
beiführen konnte.

Von Zeit zu Zeit warf sie das Köpfchen hin
und her, wie um ein kühles Plätzchen zu suchen, auf
welchem das Pulsiren des in rasender Eile durch die
Adern strömenden Blutes weniger schmerzhaft wäre
Die Finger bewegten sich krampfhaft und die Hände
tasteten, wie etwas vergeblich suchend, auf dem dün=
nen Deckbett hin und her.

„Ich bin überzeugt," hob die Dame, welche sich
bis jetzt so unbemerkt in diese Stätte der Armuth und
des Elends eingeschlichen, wieder an, „ich bin über=
zeugt, wenn dieses Kind die Augen aufschlüge, so
würden sie mir dieselben dunkelblauen Sterne zeigen
welche der Vater einst am Firmament meines Herzens
aufgehen ließ, um es mit Entzücken und Taumel zu
erfüllen — Sterne, die sich nach kurzer Zeit in feu=
rige Meteore verwandelten und, mit ihrer wuchtigen
Masse niederschmetternd, meinen Seelenfrieden auf
immer zertrümmerten."

Der indirecte Wunsch, welcher in den ersten
dieser Worte lag, sollte eher in Erfüllung gehen als
die Sprechende wahrscheinlich geglaubt hatte.

Von der Macht der in ihr erwachenden Gefühle

und Erinnerungen getrieben, erhob sie sich von dem
Stuhle, drückte, wie um die ihr Inneres folternde
Qual niederzuhalten, die Hände auf die wogende
Brust und richtete sich zu ihrer ganzen Höhe auf.

Dann legte sie die eine ihrer Hände auf den
obern, die andere auf den untern Rand der kleinen
Bettstelle und neigte sich ein wenig auf das Kind herab.

Die Stellung, die sie auf diese Weise einnahm,
hatte die Folge, daß der matte, durch den vorgestellten
Pappschirm noch mehr gedämpfte Schimmer des
Nachtlichtes, der bis jetzt auf das Gesicht der Kleinen
gefallen war, gänzlich verdeckt ward, während zu=
gleich die Falten des Mantels, welche durch die aus=
gebreiteten Arme der Trägerin zu einem größeren
Flächenraum ausgedehnt wurden, plötzlich einen
dunkeln Schatten auf das ganze kleine Bett warfen.

Die Dame hätte voraussehen können, daß dieser
rasche Uebergang von wenn auch nur schwachem Licht
zu tief dunklem Schatten nicht ohne Einwirkung auf
die an ersteres gewöhnten Augen des kranken Kindes
bleiben konnte. In ihrer Aufregung und Leiden=
schaftlichkeit aber dachte sie hieran nicht.

Die kleine Helene träumte, während sie sich so
in ihrem Fieber unruhig hin und herwarf, von dem
Ungeheuer, welches in dem Mährchen, das ihr die
Mutter einmal erzählt, die Hauptrolle spielte.

2*

Dieses Ungeheuer war ein blutdürstiger Riese, der kleinen Kindern nachstellte, um sie mit einem großen Messer zu schlachten und dann mit seinem feuersprühenden Rachen stückweise zu verschlingen. Sie wandelte, träumte sie, an der Hand ihrer Mutter in einem schönen Baum= und Blumengarten und wollte eben das Händchen nach einer ihr winkenden goldenen Frucht ausstrecken, als auf ein= mal der wüthende Menschenfresser hinter einem Baume hervorgesprungen kam, sein breites blankes Messer schwang, die grimmigen Wolfszähne fletschte und die Faust mit den langen spitzigen Nägeln nach der Kleinen ausstreckte, die vor Angst und Schrecken auf die Knie niedersank.

Verzweiflungsvoll wollte sie sich an ihre Mutter klammern, diese aber war auf einmal verschwunden; die Erde schien sie verschlungen zu haben.

Schon fühlte Helene, wie die Kralle des Riesen sie bei den Haaren packte, und mit einem lauten gellenden Schrei fuhr sie aus dem Schlafe auf.

Aber nicht um, wie in solchen Fällen bis jetzt immer geschehen, in das stets auf ·sie gerichtete bleiche liebreiche Antlitz der stets wachsamen Mutter zu blicken, sondern um eine schwarze Gestalt vor und über sich zu sehen, die gleich einem ungeheuern, die

Flügel ausbreitenden Vogel im Begriff zu stehen
schien, sich auf sie herabzustürzen.

Der erhitzten Phantasie der armen kranken Kleinen
kam diese Erscheinung noch weit entsetzlicher vor, als
der nach ihrem Blute lechzende Riese, den sie soeben
im Traume gesehen.

„Mama, Mama!" schrie sie vor Angst und
Schrecken hoch emporfahrend; „Mama, Mama! hilf
mir! Der Riese! Dieser Vogel!"

Die Mutterliebe ist allmächtig und was vielleicht
wild heulender Sturm oder krachender Donner nicht
bewirkt hätte, das bewirkte jetzt die schwache Stimme
eines kranken Kindes.

Erschrocken sprang die Frau des Notars von
dem Lehnstuhl auf, um sofort ihrem rufenden Kinde
zu Hülfe zu eilen, prallte aber mit einem Schrei des
Entsetzens wieder zurück, als sie die gespenstische lange
schwarze Gestalt erblickte, die über Lenchens Bett ge=
beugt stand.

„Sei ruhig, Charlotte, und fürchte Dich nicht,"
antwortete die Dame im schwarzen Mantel, indem
sie die eine Hand wie beschwichtigend auf das Haupt
des Kindes legte.

Dann drehete sie sich langsam nach der er=
schrockenen Mutter herum und setzte hinzu:

„Ich bin es, ich, Deine Schwester Mathilde."

In demselben Augenblick fiel, entweder in Folge eines Luftzuges oder der Erschütterung, welche die Füße der aufspringenden Mutter dem schwankenden Fußboden des alten baufälligen Hauses mitgetheilt hatten, der halbrundgebogene Pappschirm von dem Tischchen, auf welchem das Nachtlicht stand, herunter, so daß der düstre Schein desselben unvermindert auf die Züge der Sprechenden fiel.

„Mathilde! Du hier!" stammelte die Frau des Notars und sank wieder in ihren Stuhl zurück.

Drittes Kapitel.

Die Erbschaft.

Die beiden Schwestern betrachteten einander eine Weile schweigend, obschon mit verschiedenem Ausdruck in ihren Mienen.

In denen der ältern, Mathildens, lag ein Gemisch von Mitleid und Schadenfreude, während die Charlottens, der jüngern Schwester, unverkennbare Verlegenheit und, wenn auch freudige, Bestürzung verriethen.

„Ja, ich bin hier," hob Mathilde, nachdem sie gesehen, daß die Kleine wieder eingeschlummert war, an, „ich bin hier, um zu sehen, wie es Dir geht. Ich habe gehört, daß die Verhältnisse, in welchen Du seit einigen Jahren lebst, nicht die glänzendsten sind, und ich bin bereit, Dich wenigstens von dem äußersten Mangel zu retten, wenn Du es auch nicht verdienst."

„O, Mathilde," entgegnete die jüngere Schwester,

indem sie sich mühsam auf ihren vor gewaltiger Ge=
müthsbewegung schlotternden Knieen emporrichtete
und die Hand Mathildens ergriff, welche diese ihr
mit stolzer Herablassung überließ, „fünf lange Jahre
haben wir einander nicht gesehen. Dein Leben ist
mittlerweile vielleicht an glücklichen Ereignissen eben
so reich gewesen als das meine an schmerzlichen und
niederbeugenden, aber dennoch scheinst Du dieselben
nicht als eine genügende Sühne für das Unrecht be=
trachten zu wollen, welches Du nach Deiner Ansicht
von mir erlitten.“

„Nach meiner Ansicht, sagst Du?“ entgegnete
Mathilde, indem sie mit fast gebieterischer Bewegung
ihre Schwester in den alten Lehnstuhl zurückdrängte.

Dann nahm sie ihren langen schweren Mantel
ab, warf denselben auf den ovalen Tisch in der
Mitte des Zimmers und setzte sich hierauf wieder
auf den am Bett der Kleinen stehenden Rohrstuhl.

„Nach meiner Ansicht?“ wiederholte sie dann.
„Bist Du im Wortverdrehen noch immer so geschickt
wie sonst?“

Die jüngere Schwester kannte den herrschsüchtigen
Charakter der ältern. Sie wußte, daß Mathilde
schon früher, als sie beide noch in gleichen Verhält=
nissen einander gegenüber standen, durch Widerspruch

nur stets zu heftigen Ausbrüchen ihres leidenschaft=
lichen Temperaments gereizt worden war.

Sie hielt es daher jetzt, wo sie jeder Hülfe be=
durfte, mochte dieselbe ihr von irgend einer Seite
geboten werden, für gerathen, die ihr eröffnete Aus=
sicht, wenn auch nur um ihres Kindes willen, nicht
zu verscherzen.

Sie schwieg deshalb und erst als einige Minu=
ten vergangen waren, während welcher Mathilde,
ohne zu sprechen, starr vor sich hingeblickt hatte, hob
Charlotte wieder an:

„Du sagst, liebe Schwester, Du hättest von un=
serer bedrängten Lage gehört. Darf ich fragen,
durch wen?"

Mathilde saß noch eine Weile schweigend da
und es schien, als ob sie die Frage ihrer jüngeren
Schwester gar nicht gehört hätte.

Plötzlich aber warf sie den Kopf empor und
antwortete in ihrem hastigen Tone:

„Das kann Dir gleich sein; genug, ich weiß,
daß Du Dich schon lange mit Hunger und Kummer
herumschlägst. Wo ist Dein Mann?"

„Heinrich ist seit einigen Tagen verreist, doch
erwarte ich ihn jede Stunde zurück. Er wollte schon
gestern wieder dasein."

„Wo ist er denn hin?"

„Nach Grünheim.“

„Nach Grünheim? Was sucht er in diesem elenden Nest? Ich bin ein einziges Mal auf der Durchreise dort gewesen und muß gestehen, daß ich nur wenige Städte kenne, die mir erbärmlicher vor= gekommen wären.“

„Ja, das ist wohl möglich,“ entgegnete die jüngere Schwester. „Hier bei uns, in dem großen volkreichen Waldenburg, ist es jedenfalls schöner, als in jenem kleinen Orte, den ich übrigens nicht kenne. Was nützen aber die Schönheiten eines Orts, wenn man dabei verhungern muß! Kann man in einem kleinen Orte sein Auskommen haben, so ist der Auf= enthalt an demselben dem an einem großen jedenfalls vorzuziehen.“

„Und hat Dein Mann Aussicht, dort eine bessere Existenz zu finden, als Ihr jetzt hier habt?“ fragte Mathilde.

„Allerdings ist Heinrich in dieser Hoffnung hin= gereist. Zufällig hatte er in einem Blatte gelesen, daß der einzige Advocat und Notar, der bis jetzt dort seinen Wohnsitz gehabt, kürzlich gestorben ist.“

„Und nun gedenkt er wohl, als dessen Nach= folger sich an diesem weltberühmten Orte anzusiedeln und die jedenfalls glänzende Praxis fortzuführen?“

„Spotte nicht, Mathilde!“ sagte Charlotte in

bittendem Tone, indem sie ihren Blick bald auf die Schwester, bald auf ihr krankes Töchterchen richtete· welches sich wieder unruhig hin= und herzuwerfen begann. „Spotte nicht! Ich will Dir nicht wün= schen, daß Du dieselbe bittere Schule des Lebens durchmachen müßtest, wie ich. Sollte es aber der Fall sein, dann würdest Du finden, daß es Um= stände giebt, welche selbst einen so stolzen, hochfah= renden Sinn wie der Deinige beugen und brechen."

„Nun, bei Dir, Charlotte, scheint diese Wirkung noch nicht eingetreten zu sein," entgegnete die ältere Schwester mit höhnischem Lächeln. „Du bist blut= arm, das sieht ein Blinder; ich suche Dich, obschon Du es durchaus nicht um mich verdient hast, aus freien Stücken hier auf, um Dir meine Unterstützung anzubieten, und zum Dank dafür nennst Du mich stolz und hochfahrend."

Die Hülfe, welche die ältere Schwester der jün= geren brachte, bestand, wie wir gesehen haben, bis jetzt blos in einem Versprechen. Gleichwohl aber rügte Mathilde die ihr von Charlotten gegebene, wenn auch allerdings nicht schmeichelhafte, doch wahrheitsgemäße Antwort mit einer Schärfe, als ob sie eine Kundgebung des schwärzesten Undanks für wirklich geleistete freigebige Unterstützung zu registri= ren gehabt hätte.

„Sei mir nicht bös, Mathilde," bat Charlotte, die den von ihr gebrauchten Ausdruck, wenn auch nicht um ihrer selbst, doch um ihres Kindes und ihres Gatten willen schon bereuete. „Du weißt ja gewiß selbst, daß es Menschen giebt, die, wenn sie einem Armen mit der einen Hand etwas geben, sich berechtigt glauben, ihn mit der andern in's Gesicht zu schlagen. Ich weiß aber, daß Du zu dieser Art von Wohlthätern nicht gehörst; dazu bist Du zu gut und zu edel."

Die ältere Schwester sah die jüngere einige Augenblicke lang mit forschendem Blick an. Sie wußte nicht, ob sie diese letzte Wendung als eine versteckte neue Beleidigung oder als eine Entschuldigung und Begütigung betrachten sollte.

Die Neugier, sich vollständig von der gegenwärtigen Lage der Familie des armen Notars zu unterrichten, schien jedoch bei der allem Anscheine nach ungemein gut situirten Schwester für den Augenblick jeden andern Gedanken in den Hintergrund zu drängen.

Ohne daher etwas auf Charlottens letzte Bemerkung zu erwidern, hob sie wieder an:

„Seit wann ist dieses Kind so krank?"

„Seit beiläufig acht Tagen," antwortete die arme Mutter.

„Und es ist Euer einziges, nicht wahr?"

„Ja, seitdem unser Erstgeborner, unser kleiner lieber Heinrich, vor nun bald einem Jahre uns durch den Tod entrissen ward."

Charlotte konnte, als sie auf diese Weise sich selbst an den Tod ihres Lieblings erinnern mußte, die hervorbrechenden Thränen nicht bewältigen, sondern brach in lautes Schluchzen aus.

„Na, weine nur nicht so!" sagte Mathilde, indem sie ihre Schwester ermuthigend am Arme ergriff; „ich habe auch einen Todesfall und zwar erst heute erlebt, dennoch aber weine ich, wie Du siehst, nicht."

„Einen Todesfall hast Du gehabt?" fragte Charlotte hastig und theilnehmend. „Wer ist Dir gestorben?"

„Ein Kind allerdings nicht," entgegnete Mathilde mit bitter schmerzlichem Lächeln, „denn ich habe keins, das weißt Du wohl. Es ist mir weiter Niemand gestorben, als mein Mann."

„Dein Mann!" rief Charlotte mit dem Ausdruck des größten Erstaunens. „Dein Mann ist gestorben?"

„Nun ja; warum nicht?" entgegnete Mathilde in frivolem Tone." Du weißt selbst, daß ich, als Du mich um den Mann, den ich liebte, betrogen hattest, diesen alten abgelebten Geldmann blos auf

ben ausbrüdlichen Wunsch unsers Vaters und in der
Hoffnung nahm, recht bald durch seinen Tod wieder
von Fesseln erlöst zu werden, die nur durch die Aus=
sicht auf ben mir dann zufallenden Reichthum einiger=
maßen erträglich gemacht wurden."

„Und heute ist er also gestorben?"

„Ja, erst heute. Als ich ihn vor nun bald vier
Jahren nahm, war er schon so hinfällig, daß ich
nimmermehr geglaubt hätte, mich noch so lange mit
ihm quälen zu müssen."

„Wahrscheinlich hat Deine liebevolle Pflege ihm
das Leben verlängert."

„Ich fürchte es fast," bemerkte Mathilde mit
ironischem Lächeln.

„Wenn das unser Vater wüßte!" hob Charlotte
wieder an.

Mathilden's eben noch spöttische Züge nahmen
sofort einen ernsten, fast düstern Ausdruck an und
sie sagte, indem sie wie abwehrend die Hand em=
porhob:

„Laß ihn ruhen! Ihm ist wohl! Er hat mit uns
Noth genug gehabt und es würde ihm selbst schmerz=
lich sein, jetzt zu sehen, daß die Voraussetzungen, unter
welchen er mich bewog, meine Jugend an jenen alten
Knauser zu verschleudern, sich nicht verwirklicht
haben."

„Wie?" fragte Charlotte stutzend. „Was willst
Du damit sagen?"

„Nichts weiter, als daß unser Vater glaubte,
mein Gatte würde mich einmal, wenn er stürbe, zu
seiner Universalerbin machen."

„Und hat er dies nicht gethan?"

„Nein, er hat es nicht gethan."

„Aber woher willst Du das jetzt schon wissen,
wenn er heute erst gestorben ist?"

„Er sagte es mir kurz vor seinem Tode selbst."

„Aber wer ist dann sonst sein Erbe?"

„Ein Bruder von ihm, der fast eben so alt ist
als er und nach dem er in seinem ganzen Leben nicht
gefragt hat."

„Und wer und wo ist dieser Bruder?"

„Es ist ein alter Uhrmacher ohne Kind oder
Kegel, der mit einer ebenfalls schon bejahrten Nichte
eben in dem Grünheim wohnt, wohin, wie Du sag=
test, Dein Mann gereist ist."

„Sagtest Du nicht, Du seiest selbst einmal dort
gewesen?"

„Ja; als ich vorigen Sommer mit meinem Gat=
ten nach der Schweiz reiste, war einer der ersten
Orte, wo wir Halt machten, eben dieses Grünheim
und plötzlich, als wir im Gasthaus bei Tische saßen,
fiel meinem Gatten ein, daß er in diesem Orte einen

Bruder habe, von welchem er seit langen Jahren
nichts gehört. Sobald er auf Befragen von dem
Wirth erfahren, daß dieser Bruder noch lebe, ließ
er sich sofort zu ihm führen und mich nach einer
Weile ebenfalls nachholen. Ich fand in meinem
Herrn Schwager einen der drolligsten Käutze, die mir
jemals vorgekommen, und mein Gatte sprach, als
wir nach einigen Stunden unsere Reise weiter fort=
setzten, fast von nichts als von diesem Bruder, den
er so lange vernachlässigt und der ihm gleichwohl so
gut gefallen."

„Und von dieser Zeit an fand wohl eine An=
näherung zwischen den beiden Brüdern statt?" warf
Charlotte ein.

„Nein, das war nicht gerade der Fall," fuhr
Mathilde fort. „Wohl sprach mein alter wunder=
licher Eheherr auf unserer Reise sowohl als auch nach
unserer Rückkunft wiederholt die Absicht aus, seinen
Bruder zu sich hier her nach Walbenburg kommen
zu lassen, um sich an seinem muntern originellen We=
sen ergötzen zu können. Die zunehmende Kränklich=
keit aber, an welcher er schon damals litt, bewog
ihn, die Ausführung dieser Absicht von einer Woche
zur andern zu verschieben. Schon im Laufe des
vorigen Herbstes gestaltete sich sein Uebel zu einem
so gefährlichen, daß von einer Aenderung seiner Lebens=

weife ober Tagesordnung gar nicht mehr die Rede
sein konnte. Der Winter brachte neue Verschlim=
merungen seines Leidens und so ist er denn gestorben,
ohne den Bruder wieder gesprochen oder auch nur
wiedergesehen zu haben."

"Und gleichwohl hat er ihm sein Vermögen ver=
macht?" fragte die jüngere Schwester.

"Ja."

"Und Dich hat er mittellos hinterlassen?"

"Nein, das hätte er sich doch nicht unterstanden,"
entgegnete Mathilde mit ihrem eigenthümlichen Lächeln.
"Seine Furcht vor mir war so groß, daß er zu glau=
ben schien, meine Macht könne sich noch über Tod
und Grab hinaus erstrecken."

"Dann hat er wohl seinen Reichthum zwischen
Dich und seinen Bruder getheilt?" fragte die jüngere
Schwester wieder.

"Du bist im Rathen nicht sehr glücklich, Char=
lotte," fuhr die Wittwe fort, "Es wird deshalb
besser sein, wenn Du mich nicht unterbrichst, sondern
ruhig anhörst, was ich Dir sagen werde."

Trotz der Pause, welche die Sprechende, nach=
dem sie dies gesagt, machte, schwieg Charlotte, um
ihrer Schwester zu zeigen, daß sie ihrem Wunsch
nachkommen und sie nicht weiter unterbrechen werde.

Mathilde, deren Herrschsucht sie selbst in ihren

besten Augenblicken und Anwandlungen nie verließ, schien den Zwang, den ihre Schwester sich auf ihr Geheiß anlegte, sehr beifällig zu bemerken und fuhr in dem freundlichsten Tone, der ihr zu Gebote stand, fort:

„Mein Mann war sehr, sehr reich. Er selbst gab sein Vermögen auf vierhunderttausend Thaler an. Davon soll ich den vierten Theil bekommen, während die andern drei Viertheile jenem alten halbverrückten Uhrmacher zufallen sollen."

„Aber was soll der mit diesem vielen Gelde anfangen?" erlaubte sich Charlotte zu fragen, als ihre Schwester mit ihrem Erbschaftsbericht wenigstens vor der Hand zu Ende zu sein schien.

„Das weiß ich nicht und er wird es auch nicht wissen," entgegnete Letztere.

„Weiß er es schon, daß ihm diese Erbschaft zufallen soll?"

„O nein, er weiß es noch nicht und ich würde es auch noch nicht wissen, wenn mein Gatte es mir nicht selbst gesagt hätte. Die Eröffnung des Testaments erfolgt erst nach dem Begräbniß, welches übermorgen stattfinden wird."

Einhunderttausend Thaler sind für eine alleinstehende Frau schon ein bedeutender Reichthum und die arme Charlotte, welcher es mit Mann und Kind

oft am Nothwendigsten fehlte, dachte mit fast schwin=
delndem Hirn daran, wie ihr wohl zu Muthe sein
würde, wenn ihr auf einmal ein solches Erbschafts=
minimum zufiele. Sie wußte aber, daß der Besitz
den Menschen nur um so habgieriger zu machen
pflegt, und bei dem ihr bekannten Charakter ihrer
Schwester setzte sie voraus, daß diese mit dem ihr
beschiedenen Erbschaftsantheile nicht weniger als zu=
frieden sein würde.

„Da irrst Du Dich, Charlotte," antwortete
Mathilde, als ihre Schwester der soeben erwähnten
Vermuthung Worte geliehen hatte, „Reichthum ist
allerdings etwas sehr Schönes, aber mit einmal=
hunderttausend Thalern bin ich auch nicht arm, ob=
schon unser Vater, wenn er noch lebte, anderer An=
sicht sein würde. Ich kann bequem leben, habe mehr
Einkünfte, als ich brauche, und kann nun Dich und
Dein armes Kind ein wenig unterstützen."

„Das wolltest Du wirklich thun, liebe Mathilde?"
fragte die arme Mutter, indem sie wie schuldbewußt
zu der ältern Schwester emporblickte.

„Ja, das will ich," entgegnete Diese. „Dein
eignes Herz wird Dir sagen, daß Deine frühere
Handlungsweise gegen mich Dir kein Recht giebt,
Mitleid und Hülfe von mir zu erwarten, und Dein
Mann, der mein Herz mit Füßen getreten, hat auf

3*

freundliche Rücksicht von meiner Seite noch weit weniger Anspruch."

Charlotte wollte etwas entgegnen, that sich aber, der vorhin an sie ergangenen Mahnung eingedenk, Gewalt an und schwieg.

„Ich weiß aber," fuhr Mathilde fort, daß Du längst zur Einsicht gekommen sein wirst. Noth lehrt beten und die schweren Zeiten, die Du mit diesem falschen Manne durchzumachen gehabt und, wie es scheint, noch durchzumachen hast, werden ihre gute Wirkung geäußert haben. Deshalb und um dieses armen Kindes willen, obgleich es die Züge des Ver= haßten trägt, bin ich bereit, Dich in Zukunft, wenig= stens vor Mangel am Nothwendigen zu schützen. Du weißt, was ich sage, das thue ich auch."

„Wie gut, wie freundlich von Dir, liebe Ma= thilde!" rief Charlotte, indem sie die Hand der Schwester ergriff und innig und dankbar drückte.

Es warb ihr schwer, die Hülfe anzunehmen, die ihr mit so harten verletzenden Worten dargeboten warb. Vor ihr aber lag das arme vom Fieber ge= quälte Kind, rings herum sah sie sich von den stummen Zeugen ihres Elends umgeben und draußen in der finstern, stürmischen Februarnacht wanderte ihr Gatte vielleicht in diesem Augenblicke einsam und mit Ver= zweiflung im Herzen seine Straße, um einen neuen

Versuch zur Gewinnung jener bescheidenen Existenz zu machen, nach welcher er bis jetzt erfolglos gestrebt.

Welche Selbstverleugnung könnte größer sein, als die der zärtlichen Mutter, des liebenden Weibes?

Deshalb hörte Charlotte die Vorschläge, welche ihre Schwester ihr zur Verbesserung ihrer Lage machte, ruhig und dankbar an.

Während das Gespräch noch im Gange war, vernahm man plötzlich das Rollen eines Wagens, welcher unten dicht vor dem Hause Halt zu machen schien.

„Das ist mein Wagen," sagte die Wittwe, nachdem sie einen Augenblick aufgehorcht. „Ich hatte meinem Kutscher befohlen, mich in einer Stunde wieder abzuholen. Diese muß umsein, denn der Mann ist pünktlich. Ich werde Dich daher jetzt verlassen, Charlotte. Komme so bald als möglich zu mir, dann wollen wir weitersprechen."

„Gern wäre ich schon früher einmal gekommen," sagte die jüngere Schwester. „Ich scheute mich aber und fürchtete überdies, Deinem Gatten zu begegnen."

„Na, der ist nun Niemandem mehr im Wege," entgegnete Mathilde lächelnd, indem sie sich erhob, um zu gehen.

Zugleich fuhr sie mit der einen Hand in die

Tasche ihres Kleides, zog eine Börse heraus, legte dieselbe auf den Tisch und sagte:

„Hier hast Du einstweilen etwas, Charlotte. Vor allen Dingen sorge dafür, daß dieses Kind wieder gesund werde. Laß es ihm an nichts fehlen und komme so bald, als Du kannst, zu mir.“

Mit diesen Worten näherte die Sprechende sich der Thür und wollte dieselbe schon öffnen, als sie sich noch einmal herumdrehete und wieder anhob:

„Noch eine Frage, Charlotte.“

„Was wünschest Du zu wissen?“

„Als ich vorhin beim Heraufkommen die erste Treppe erstiegen hatte und eben die zweite betreten wollte, öffnete sich die Thür eines Zimmers und es zeigte sich meinem überraschten Blick eine junge Dame, deren Eleganz mit ihrem Aufenthalt in dieser arm= seligen Baracke mir in verdächtigem Widerspruch zu stehen schien. Wer ist diese Person?“

„Ich bedaure, Dir es nicht sagen zu können,“ entgegnete die Frau des Notars. „Selbst gesehen habe ich sie noch nicht, wohl aber hat mir die alte Frau, welche mir Wasser holt und Gänge besorgt, von ihr gesagt. Sie wohnt erst seit einigen Tagen ihm Hause. Vielleicht kann ich Dir das nächste Mal, wo wir uns sprechen, Auskunft geben.“

„Ja, erkundige Dich," sagte die Wittwe. „Ich möchte gern wissen, wer sie ist. Doch nun, gute Nacht."

Nachdem sie dies gesagt, verließ sie, von Charlotte geleitet, rasch das Zimmer und das Haus und stieg in ihren harrenden Wagen, der sofort mit ihr davonrollte.

Viertes Kapitel.
Der alte Uhrmacher und seine Nichte.

Wenn man in Waldenburg zu dem sogenannten Neuen Thor hinausgeht, so hat man dann, um vollends in's Freie zu gelangen, nur noch wenige vereinzelte Häuser zu passiren.

Die Bezeichnung dieses Stadtausgangs mit dem Namen des Neuen Thors ist eine doppelte Anomalie.

Das Thor war nämlich zur Zeit unserer Geschichte nicht nur kein neues, sondern auch nicht einmal ein altes, sondern es existirte überhaupt gar nicht mehr.

Früher eine nicht bedeutende Festung, ist Waldenburg schon seit mehreren Jahrzehnten so glücklich, dieser Beschränkung des nach Erweiterung und Ausbreitung drängenden Verkehrs los und ledig zu sein.

Die ellendicken Mauern mit den plumpen niedrigen Thürmen sind abgetragen, die breiten früher mit faulem, böse Miasmen erzeugendem Wasser ge-

füllten Gräben sind zugeworfen und anstatt des
schwerfälligen mittelalterlichen Vertheidigungsapparats
umzieht jetzt ein Kranz reizender Anlagen, die im
Sommer den Einwohnern Gelegenheit zu herrlichen
erquickenden Spaziergängen bieten, die altehrwür=
dige deutsche Handels= und Universitätsstadt, in welcher
sich mehrere der Hauptereignisse unserer Erzählung
abspielen werden.

Mit dem Falle der Festungsmauern, wodurch
die Stadt auf allen Seiten an einer Menge von
Punkten zugänglich ward, wurden natürlich auch die
großen massiven Thore überflüssig, welche früher den
Ein= und Ausgang ausschließlich vermittelt hatten.

Deßhalb waren sie nun schon seit mehrern Jahren
abgetragen, die Gewohnheit aber, welche stärker ist,
als selbst das massivste Bauwerk, ließ, als die Stein=
kolosse nicht mehr vorhanden waren, ihre Namen
gleichwohl noch den Plätzen, worauf sie gestanden.

Die Landstraße, auf die man, wenn man das
Neue Thor und die vorhin erwähnten Häuser passirt,
kam, führte durch eine anmuthige, mit Thal und Hü=
gel abwechselnde Gegend, und wer gute Beine hatte
und in einem Strich acht Stunden lang marschiren
konnte, der sah sich nach Ablauf dieser Zeit in einer
kleinen Stadt, obschon der Großstädter eher geneigt
war, sie für ein Dorf zu halten.

Straßenpflaster gab es nämlich in den Gassen dieses Orts zur Zeit noch nicht. Selbst der Markt bildete eine Fläche, auf welcher im Sommer bei warmer, feuchter Witterung ziemlich saftiges Gras sproßte, welches von dem einen großen Theil des Tages hindurch hier herumspazierenden Gänsen begierig weggeschnappt ward.

Die Häuserzahl betrug nicht viel über zweihundert, die der Bewohner ungefähr zweitausend und jeder in der Geographie Deutschlands nur einigermaßen unterrichtete Leser weiß, daß es Orte giebt, die zwei=, drei=, ja vielleicht viermal so viel Bewohner zählen und sich gleichwohl mit dem Namen Dorf begnügen.

So anspruchslos und bescheiden war aber Grünheim — so hieß dieser Ort — nicht. Schon vor länger als zweihundert Jahren hatte man bei Kaiser und Reich um Ertheilung von Marktgerechtigkeit und anderen städtischen Privilegien nachgesucht.

Diese Schritte hatten den erwünschten Erfolg gehabt und das zeitherige Dorf war zum Range einer Stadt erhoben worden.

Leider aber war diese Rangeserhöhung für die nunmehrige Stadt nicht von dem Erfolg begleitet gewesen, den, wenn auch nicht Kaiser und Reich,

doch wenigstens die neuen Bürger selbst sich davon
versprochen hatten.

Der Verkehr, welchen man aus andern in der
Nähe gelegenen Städten hierher zu leiten gedacht,
war seinen zeitherigen Wohnsitzen treu geblieben.
Für irgend eine Fabrik oder andere Industrie schien
es in Grünheim ebenfalls an einem günstigen Boden
zu fehlen und somit nährten sich die Bürger jetzt im
neunzehnten Jahrhundert noch mit wenigen Ausnah=
men auf dieselbe Weise, wie sie sich im siebzehnten
als Bauern genährt.

Der Ackerbau war und blieb der Haupterwerbs=
zweig und der einzige, welcher hier Reichthum und
Wohlhabenheit aufzuweisen hatte. Die nicht auf
diese Weise sich nährenden Einwohner bestanden
größtentheils aus kleinen Handelsleuten und Hand=
werkern, welche sich hinsichtlich ihrer Gewerbsthätig=
keit auf einen selbstverständlich sehr beschränkten Kreis
angewiesen sahen.

Von fast Allem, was in das Gebiet des Luxus
und der Kunst gehörte, war natürlich hier so gut
wie gar keine Rede.

Die Kunst ward jedoch wenigstens in technischer
Beziehung in gewissem Grade durch einen alten Uhr=
macher repräsentirt, der schon seit Menschengedenken
in dem kleinen Eckhause des Marktes der Kirche ge-

genüber wohnte und dem man die sämmtlichen gro=
ßen und kleinen Zeitmesser, welche hier Kirchthurm
und Rathhaus schmückten, in den Wohnungen der
Bürger an den Wänden hingen, oder, an die Kette
gelegt, in den Taschen ihrer Besitzer ruheten, bei
vorkommenden Gebrechen zur Untersuchung und Hei=
lung anvertraute.

Martin Schüßler — so hieß der alte Uhrmacher
— war nie verheirathet gewesen, sondern lebte schon
seit langen Jahren mit der Tochter einer verstorbenen
Schwester zusammen.

Diese Nichte besorgte ihm sein kleines Hauswesen
und suchte in ihren Mußestunden mit Stricken so viel
zu verdienen, wie in einem Orte, wo im Sommer
selbst die Kinder der Rathsherren barfuß liefen, eben
zu verdienen möglich war.

Die Thätigkeit des alten Uhrmachers beschränkte
sich, wie eben erwähnt worden, fast ausschließlich auf
Reparaturen.

Neue Uhren werden in unserer Zeit nur auf
dem Wege der Fabrikindustrie gefertigt und fast alle
einzelnen Uhrmacher, selbst in den größten Städten,
sind eigentlich nur Uhrenflicker und Uhrenhändler.

In letzterer Eigenschaft konnte unser Martin
Schüßler aber sich nicht geriren.

Um den Handel, sei es nun mit Uhren oder

mit sauren Gurken oder mit orientalischen Perlen, mit gutem Erfolg zu betreiben, bedarf man eines angemessenen Betriebskapitals, um so vortheilhaft, als möglich einkaufen und den Zeitpunkt wahrnehmen zu können, wo man mit gutem Gewinn wieder verkaufen kann.

Von einem solchen Anlage= oder Betriebskapital hatte jedoch bei Martin Schüßler nie die Rede sein können. Von armen Eltern geboren, hatte er mit Mühe und Noth seine Kunst erlernt, dann hier und da als Gehülfe gearbeitet und sich endlich hier in Grünheim niedergelassen, weil er gehört, daß es hier noch gänzlich an einem Manne seines Fachs fehlte.

Zwar hat es schon seit längerer Zeit einen alten Drechslermeister gegeben, der auch mit nebenbei in die Uhrmacherei pfuschte. Die Kunst dieses würdigen Mannes ging aber nicht über die einfachste Spindel= uhr hinaus und hatte sich daher in neuerer Zeit, wo jeder Hausknecht seine Cylinderuhr führt, als gänzlich unzugänglich erwiesen.

Hierzu kam, daß der alte Drechslermeister fast ganz blind ward und selbst beim besten Willen nicht einmal mehr pfuschen konnte.

Martin Schüßler, dem es außerdem schwer an= gekommen sein würde, einem, wenn auch unwürdigen, Nebenbuhler Concurrenz zu machen, brauchte daher

kein Bedenken zu tragen, seinen bescheidenen häusli=
chen Heerd an einem Orte zu gründen, wo die Aus=
sicht auf einträglichen Erwerb allerdings nur gering,
das Leben dagegen aber auch „hundebillig" war.

Hätte unserm Freund auch das vorhin erwähnte
Anlage= und Betriebskapital zur Gründung und
Fortführung eines Uhrenhandels zu Gebote gestan=
den, so würde er sich doch als kluger Mann wohl
gehütet haben, sein Geld in dieser Weise zu riskiren.

Er wußte, daß in kleinen Orten wie Grünheim,
die in der Nähe einer großen Stadt wie Walden=
burg liegen, jeder Einwohner, wenn er sich etwas
Neues anschafft, gewissermaßen eine Ehre darin sucht,
es unmittelbar in der großen Stadt selbst zu kaufen.

Wenn ein Uhrenhändler gute Geschäfte machen
will, so muß er dem Käufer eine reiche Auswahl
vorlegen können, und bei einem derartigen Artikel
läuft eine solche, wenn sie nur einigermaßen voll=
ständig sein soll, bedeutend in's Geld, ohne daß in
dem vorliegender Falle Aussicht auf baldigen Umsatz
des dareingesteckten Capitals vorhanden gewesen wäre.

Aus diesen verschiedenen Gründen begnügte unser
Freund sich, um sich nach außen als Uhrmacher
kundzugeben, damit, daß er quer über die untere
Hälfte des Fensters, an dem er arbeitete, einen Bind=

faden zog und acht bis zehn Stück alte, billig er=
taufte Uhren als Firma befestigte.

War ihm sonach in materieller Beziehung ein
nur bescheidenes Loos zugetheilt, so erfreuete er sich
doch in anderer, namentlich geistiger Hinsicht, eines
weit besseren.

Im Reiche der Blinden ist der Einäugige König,
und trotz seiner eigenen, nur mangelhaft zu nennenden
Bildung sah Martin Schüßler sich hier in eine
Sphäre versetzt, in welcher er an Intelligenz seine
ganze Umgebung bedeutend überragte.

Er hatte von jeher viel gelesen, las auch fort=
während noch außer einigen Zeitungen allwöchentlich
seine vier bis fünf Bände Romane, welche der
Wanderbote einer großen Waldenburger Leihbibliothek
an jedem Sonnabend brachte und abholte, und hatte
sich auf diese Weise bei seinem von Natur guten
Verstand und zähen Gedächtniß eine so bunte Masse
der verschiedenartigsten Kenntnisse in den Kopf ge=
pfropft, daß er, wenn er es darauf anlegte, seine
Zuhörer in förmliches Erstaunen versetzen konnte.

Die übrgen Bewohner von Grünheim waren
fast ohne Ausnahme Menschen der allergewöhnlichsten
Art und hatten meistentheils nur den nothdürftigen
Unterricht genossen, welchen ihnen ihre heimische
Schule gewährte, die durchaus nicht als ein

Muster moderner Bildungsanstalten betrachtet werden konnte.

Selbst die drei Hauptfacultäten der Wissenschaft, die Theologie, die Jurisprudenz und die Medicin, wurden hier auf eine Weise repräsentirt, welche der Hochschule, aus welcher diese Repräsentanten hervor= gegangen waren, nicht sonderlich zur Ehre gereichte. Der Pfarrer, der gleich von Haus aus besser zum Landwirth als zum Theologen gepaßt hätte, war während der langen Zeit seiner Amtsführung gründ= lich „verbauert". Seine Besoldung brachte ihm sammt den Emolumenten an baarem Gelde nur eine geringe Summe ein und der Hauptertrag der Stelle lag in der guten Bewirthschaftung des dazu gehörigen, gar nicht unbedeutenden Oekonomiegutes. Die meisten früheren Pastoren hatten dieses Gut einfach verpachtet und die Zeit, welche ihr Dienst ihnen übrig ließ, auf die Fortbildung verwendet, welche einem echten Manne der Wissenschaft, gehöre er nun diesem oder jenem Fache an, Bedürfniß ist. Der jetzige Pastor dagegen, der selbst Sohn eines Landwirths war und weniger aus eignem An= trieb als vielmehr der Eitelkeit seines Vaters zu Liebe studirt hatte, ergriff mit Freuden diese Gelegen= heit, selbst den Landwirth spielen zu können. Er ver= heirathete sich mit einer wohlhabenden Bauerstochter,

welche die Wirthschaft aus dem ff. verstand und be=
trachtete fortan die Bewirthschaftung seines Pfarr=
gutes als Hauptsache, seinen Dienst als Seelsorger
aber als eine lästige Nebenaufgabe, welcher er sich
stets mit so wenig Zeitaufwand als möglich zu ent=
ledigen suchte, um wieder die Runde durch seine
Felder, Wiesen, Viehställe, Heu= und Fruchtböden
machen und Abends in der Zeitung den Stand der
Preise an den verschiedenen Getreidebörsen verfolgen
zu können.

Der einzige Jurist des Städtchens war ein
würdiges Seitenstück dieses Theologen. Obschon er
nicht, wie dieser, so glücklich war, die Einkünfte eines
stattlichen Gutes beziehen zu können, sondern sich mit
dem begnügen mußte, was seine nicht übergroße
Advokatenpraxis einbrachte, so war doch durch die
enge Sphäre, innerhalb welcher diese Praxis sich be=
wegte, indem sie sich nur auf kleine Schuldforderungs=
processe, Mündelangelegenheiten und andere Rechts=
sachen von der allergewöhnlichsten Art, wie sie von
jedem Schreiber besorgt werden können, beschränkte,
in ihm aller Wissenstrieb vollständig ertödtet worden.

Er war daher froh, sich, sobald er die Feder
weglegen konnte, in die Schenke verfügen zu können,
und hier mit einigen Ackerbürgern ein sich um die

Tagesneuigkeiten drehendes Gespräch zu führen, oder sich mit ihnen zum Kartenspiel niederzusetzen.

Der Vertreter der medicinischen Facultät war eigentlich gar kein solcher, denn er hatte weder studirt, noch promovirt, sondern war weiter nichts als ein veredelter Barbier, der später die Chirurgie praktisch erlernt hatte und die innere Heilkunde blos abusive ausübte. Gleichwohl machte er dem Ge= biete, auf welchem er sich blos als Pfuscher und Bön= hase herumtrieb, mehr Ehre, als der Pfarrer und der Advokat ihren Fächern.

Er war ein kluger Kopf, der mit ungewöhnlichem Scharfblick oft das Richtige zu treffen wußte, wo seine studirten Collegen rathlos dastanden, so daß er, wenn es um und um kam, mehr Nutzen schaffte und weniger Schaden anrichtete, als letztere.

Unter diesen Umständen war es nicht zu ver= wundern, wenn der unterrichtete, belesene, witzige und originelle Uhrmacher in ganz Grünheim als der Mann betrachtet ward, der vorzugsweise auf jede Frage Antwort geben und an den jeder eines guten Raths Bedürftige sich vertrauungsvoll wenden könne.

Um so mehr bedauerte man es daher, daß eine seit den letzten Jahren immer mehr zunehmende Hart= hörigkeit ihm den Verkehr mit seinen Mitbürgern und Freunden ein wenig erschwerte.

Seine Nichte war jetzt fast ausschließlich das Medium, dessen er sich beim mündlichen Verkehr mit fremden Personen bediente, und dieser Verkehr gestaltete sich mitunter zu einem etwas unerquicklichen. Mamsell Justine war nämlich, wie dies alten Jungfern sehr oft zu passiren pflegt, zuweilen auch nicht sonderlich guter Laune und nur die Geduld, womit ihr Onkel von der gütigen Vorsehung in so reichem Maße ausgestattet war, machte es ihm möglich, mit ihr so gut auszukommen, wie es der Fall war.

Fünftes Kapitel.

Es kommt Besuch.

Etwa drei Tage vor dem, an dessen Abend wir die junge Wittwe des alten Banquiers und Commerzienraths Adrian Schüßler ihrer Schwester, der Frau des armen Notars Heinrich Hammerstein, und ihrem kranken Kinde einen Besuch abstatten gesehen, saßen Martin Schüßler, der Uhrmacher, und seine Nichte Justine mit einander beim Frühkaffee.

Der Morgen war trüb und feucht, wie er im Februarmonat oft zu sein pflegt, aber das Gesicht des alten Uhrmachers war weder vom Jahres= noch vom Witterungswechsel abhängig und der Ausdruck desselben daher fast jahraus, jahrein heiter und freundlich.

Mehr mit dem trüben unfreundlichen Morgen correspondirte das Gesicht der alten Justine, wie man sie selbst neben ihrem Onkel nennen konnte.

Sie war die Tochter einer nun längst ver=storbenen Schwester des Uhrmachers, die bedeutend älter gewesen als dieser, so daß der Altersunterschied zwischen den beiden Verwandten nur wenige Jahre betrug.

Die dabei in den Zügen der beiden herrschende unverkennbare Familienähnlichkeit war daher der Grund, daß Jeder, der sie, ohne sie näher zu kennen, so beisammen sitzen gesehen, sie unbedingt für Bruder und Schwester gehalten hätte.

Dieser Irrthum würde bei vielen, in die Verhältnisse nicht eingeweihten Beobachtern noch den anderweiten zur Folge gehabt haben, daß man den vermeinten Bruder für das jüngste der Geschwister gehalten hätte.

Es ist eine bekannte Sache, daß eine heitere zufriedene Gemüthsstimmung den Zügen dessen, der sie besitzt, selbst im hohen Alter eine gewisse Jugendlichkeit des Ausdrucks verleiht, während mürrische Laune und unzufriedenes, grilliges Wesen vor der Zeit alt machen.

Martin Schüßler und Mamsell Justine lieferten zu dieser längst anerkannten Wahrheit einen neuen Beleg.

Während der alte Uhrmacher freundlichen Blickes über den Tisch hinweg durch das eben erst sorgfältig abgewischte Fenster in das dunkle Grau des beginnenden Tages hinausschaute und mit dem Ausdruck der innersten Behaglichkeit sein Täßchen schlürfte, fischte Justine ärgerlich und auf sich selbst scheltend, mit ihrem Kaffeelöffel einige Körnchen Satz heraus, die trotz der Behutsamkeit, womit sie ihr Lieblingsgetränk zu filtriren pflegte, mit hineinge= schlüpft waren und sich nun am Rande der Tasse herumtrieben, wo sie den beharrlichen Bemühungen Justinens, sie zu kapern, ebenso beharrlich durch neckisches Untertauchen zu entrinnen wußten.

Justine war klein und schwächlich von Wuchs; ihr graues, dünnes Haar verrieth, daß sie in den Fünfzigen nicht viel mehr zu suchen, ja vielleicht bereits die Schwelle der Sechszig überschritten hatte, und der ärgerliche Ausdruck, womit sie jetzt' die kleinen, dunkelgrauen Augen und den fast ganz zahn= losen Mund zusammenkniff, diente in Verbindung mit ihrer spitzigen Nase und ihren blassen, welken Wangen nicht dazu, ihre Erscheinung zu einer sonder= lich ansprechenden zu machen.

Wenn irgend etwas im Gegensatz hierzu geeig= net war, dennoch zu ihren Gunsten einzunehmen, so war es die Sauberkeit ihres Anzugs.

Obschon es, wie schon bemerkt worden, eben erst Tag wurde, so saß sie doch schon mit einem hübschen, dunkelfarbigen Hauskleide und weißem

Halskragen, sowie mit frisch geordnetem Haar da.
Eine Haube trug sie nie, sondern gab dadurch zu
erkennen, daß sie nicht blos kein Hehl daraus mache,
nicht unter dieselbe gekommen zu sein, sondern daß
sie auch einen gewissen Stolz darein setzte.

Dieselbe Sauberkeit, wie an ihrer Person, herrschte
auch in den ganzen ihrer Obhut anvertrauten Räumen.
Das Wohnstübchen war frisch gekehrt, jedes
Geräth in demselben sorgfältig abgestäubt, und wer
sich die Mühe genommen hätte, einen Blick in die
rechts und links an das Wohnzimmer stoßenden
beiden Schlafgemächer zu werfen, würde gefunden
haben, daß die darin stehenden Betten schon wieder
für den Abend fertig gemacht waren.

Daß natürlich auch in Küche, Kammern und
andern zur Wohnung des alten Uhrmachers gehörigen
Localitäten dieselbe Ordnung herrschte, versteht sich
nach dem Gesagten von selbst.

Endlich glückte es Justinen, den letzten der
widerspenstigen Eindringlinge mit ihrem Löffel zu er-
wischen und sie stand schon im Begriff, ihn mit einer
leise gemurmelten Verwünschung auf die Diele zu
schleudern.

Sie bedachte jedoch noch rechtzeitig, daß dies
einen kleinen Flecken auf der blüthenweiß gescheuerten
Diele erzeugen würde, und zog daher vor, das ver-

brecherische Körnchen mit Daumen= und Zeigefinger=
spitze aus dem Löffel zu nehmen und auf das Kaffee=
bret zu legen.

Das Gesicht, welches sie dabei machte, war ein
so komisches, daß selbst ihr Onkel, der doch an ihre
Mucken längst gewöhnt war, sich nicht enthalten
konnte, laut aufzulachen.

Er war, obschon ein hoher Sechziger, noch ein
rüstiger, kräftiger Mann. Selbst die anhaltende
sitzende Beschäftigung, bei welcher er den größten
Theil seines Lebens zugebracht, war nicht im Stande
gewesen, seinen geraden, breiten Rücken und seine
die gewöhnliche Mittelgröße überragende Gestalt auf
die Dauer zu beugen.

Wenn man ihn in seinen arbeitsfreien Stunden
in seiner Wohnung oder anderwärts so gerade und
aufrecht dasitzen oder stehen sah, hielt man ihn eher
für einen alten Militair, dem diese Haltung zur
zweiten Gewohnheit geworden.

Sein Haar war nicht grau, sondern vollkommen
weiß, dabei aber noch dicht und voll und stach in
Verbindung mit dem unmittelbar damit zusammen=
hängenden, ebenfalls vollen und weißen Backen= und
Kinnbart gegen die freundlichen hellen Augen und
die noch jugendlich gerötheten Wangen wunder=
schön ab.

Er selbst dagegen behauptete oft lachend, er habe
große Aehnlichkeit mit einem Kapuzineraffen, und wenn
Jemand dies bestritt, so holte er aus seiner gar nicht
kleinen Bibliothek eine alte Naturgeschichte mit illumi=
nirten Abbildungen herbei, um durch eine der letzte=
ren zu beweisen, daß sein Vergleich, wenigstens in
Bezug auf den weißen Backen= und Kinnbart, kein
ganz unrichtiger war.

„Nun, was findest Du denn am frühen Morgen
schon so lächerlich, Onkel?" fragte Justine in etwas
spitzem Tone, denn die ewige Heiterkeit des jovialen
alten Mannes berührte sie zuweilen sehr unangenehm.

„Nun," entgegnete der Gefragte immer noch
lachend, „soll ich etwa weinen, wenn ich sehe, wie
Du ein Körnchen Kaffeesatz so gewissenhaft und sorg=
fältig hierherlegst, als ob Du eine werthvolle Perle
gefischt hättest?"

„Ihr Männer habt von Ordnung und Sauber=
keit keinen Begriff," entgegnete Justine in einem
Tone, der nur ein wenig lauter war, als wenn sie
mit andern guthörenden Leuten sprach.

Martin Schüßler hatte sich, wie so viele seiner
Leidensgefährten, die Kunst, das, was ein Anderer
sagte, ihm am Munde abzusehen, während der we=
nigen Jahre, seit welchen er an Harthörigkeit litt,
schon in hohem Grade zu eigen gemacht.

Natürlich verstand er dies am allerbesten bei Leuten, mit welchen er oft verkehrte, und da Justine die Person war, die ihn mit ihrer Conversation am häufigsten beglückte, so brauchte sie daher ihre Lunge verhältnißmäßig nur wenig über das gewöhnliche Maß anzustrengen.

Dabei trug sie jedoch Sorge, sich ihrem Onkel soviel als möglich gegenüberzusetzen, um ihm dadurch die Beobachtung ihrer Mundbewegungen beim Sprechen zu erleichtern.

Auf diese Weise ward es den Beiden möglich, selbst wenn Onkel Martin an seinem Werktische und Justine ihm gegenüber an dem andern Fenster mit ihrem Strickstrumpf saß und mit dem Doppelgeschütz ihrer Blicke den Marktplatz bestrich, ein Gespräch zu führen, bei welchem ein nicht näher unterrichteter Zu= hörer nimmermehr geglaubt hätte, daß die eine der conversirenden Personen halb taub sei.

Höchstens würde der alte Uhrmacher sein Ge= brechen durch den Umstand verrathen haben, daß er häufiger zu seiner Nichte aufblickte, als er bei nor= malem Zustande seiner Gehörorgane gethan haben würde.

„Ob wir Männer von Ordnung und Sauberkeit nicht eben so gut einen Begriff haben, wie ihr Weibs= leute, darüber wollen wir uns jetzt nicht weiter strei=

ten," antwortete Martin Schüßler auf die letzte Be=
merkung seiner Nichte. „Freilich, ein solcher Aus=
bund wie Du, Justine, in dieser Beziehung bist, hat
nicht so leicht seines Gleichen, weder unter den Männ=
lein, noch auch selbst unter den Weiblein."

Er schlürfte, nachdem er dies gesagt, seinen Kaffee
aus und setzte dann hinzu:

„Na, da wird es ja allmählich Tag und man
kann sich immer langsam an die Arbeit machen."

Mit diesen Worten erhob er sich, um an seinem
Werktische Platz zu nehmen, während Justine seinem
Beispiel folgend, erst das Kaffeegeschirr wegräumte
und dann sich an ihr schon vorhin erwähntes Fenster
setzte, um ihren Strickstrumpf auf eine Weise zu hand=
haben, als ob nicht der Sommer, wo, wie ebenfalls
schon bemerkt worden, der Barfüßerorden in Grün=
heim eine bedenkliche Anzahl Mitglieder gewann,
sondern der Winter bevorstünde, der sogar Rathsherren
zwang, ihren Kindern Strümpfe und Schuhe zu kaufen.

So saßen Onkel und Nichte einander eine Weile
schweigend und arbeitend gegenüber, bis endlich letz=
tere, als der alte Uhrmacher einmal von seiner Arbeit
aufblickte, diese Gelegenheit benutzte und anhob:

„Ich bin nur neugierig, Onkel, wenn Dein reicher
Bruder wieder einmal etwas von sich hören lassen
wird. Als er vorigen Sommer hier war, that er,

als ob er Dich für Deine noch ganze übrige Lebenszeit glücklich machen wollte, aber er scheint Dich voll= ständig wieder vergessen zu haben."

„Lieber Gott," entgegnete Martin Schüßler, „vornehme und reiche Leute haben in Bezug auf uns pauvre Creaturen ein kurzes Gedächtniß. Uebrigens war Bruder Adrian von jeher ein wunderlicher Geist, der mitunter curiose Einfälle hatte."

„Ja, das glaube ich gern," bemerkte Justine, in= dem sie ihre spitze Nase einen Zoll höher hob. „Der curioseste Einfall von ihm ist aber jedenfalls der ge= wesen, daß er sich als siebzigjähriger Mann noch eine so junge Frau genommen hat."

„Alter schützt vor Thorheit nicht, weißt Du, Justine," sagte der Uhrmacher. „Wer weiß, was ich noch mache."

„Du, Onkel!" rief Justine mit dem Ausdruck des Entsetzens.

Der Gedanke, daß es ihrem bejahrten Ver= wandten wirklich noch einfallen könne, zu heirathen, erschien ihr als ein so ungeheuerlicher, daß sie in ihrem eifrigen Stricken eine kurze Pause eintreten ließ.

Eben die Ungeheuerlichkeit des Gedankens war aber auch zugleich der Grund, daß sie es gewisser= maßen nicht der Mühe werth erachtete, näher darauf einzugehen.

Sie fuhr daher in ihrer Arbeit weiter fort und sagte blos:

„Rede doch nicht solchen Unsinn, Onkel!"

„Unsinn?" wiederholte der alte Uhrmacher. „Warum soll ich nicht Unsinn reden? Der Unsinn regiert bekanntlich die Welt und was kann man, so lange man in dieser lebt, Besseres thun, als mit dem Strome schwimmen?"

Beide schwiegen eine Weile, bis Martin Schüßler selbst wieder anhob:

„Ich glaube, Adrian ist krank, sonst hätten wir gewiß schon wieder von ihm gehört. Er sah schon damals, als er bei uns war, sehr schlecht aus und in seinen Jahren wird man gewöhnlich nicht schöner."

„Ich für meinen Theil," bemerkte Justine, „glaube seine stolze junge Frau hat ihm die guten Absichten, die er so plötzlich gegen Dich faßte, wieder ausgeredet."

„Da kannst Du auch Recht haben, Justine," entgegnete der alte Uhrmacher. „Eine so schöne junge Dame heirathet einen solchen alten reichen Knacks allemal blos seines Geldes wegen. Sie wird fürchten, daß er uns etwas davon gebe und dadurch die Erbschaft, die sie erwartet, geschmälert werde."

Justine gab durch stummes Kopfnicken ihre Zustimmung zu dieser Ansicht zu erkennen und ihr Onkel fuhr nach einer Weile weiter fort:

„Na, wenn er uns nichts geben will oder nichts geben darf, so mag er seinen elenden Quark behalten. Wir haben so lange gelebt, ohne von ihm etwas zu haben, daß wir wohl auch fernerhin ohne ihn durch= kommen werden."

Justine nickte wieder, sah eine Weile durch das Fenster nach einem der auf der andern Seite des Markts stehenden Häuser und bemerkte, daß in einem Zimmer dieses Hauses erst jetzt, obschon bereits acht Uhr vorbei war, die Rollgarbinen aufgezogen wurden.

„Die Frau Advokatin scheint jetzt nicht mehr so früh aufzustehen, wie sie bei Lebzeiten ihres Mannes zu thun gewohnt war," sagte die Nichte des Uhr= machers, indem sie durch eine Kopfbewegung auf das betreffende Haus deutete.

„Das macht sie recht," entgegnete Martin Schüßler. „Sie hat sich mit ihrem alten Saufaus lange genug schinden und quälen müssen. Der liebe Gott hat sie endlich von ihm erlöst und ich kann es ihr nicht verdenken, wenn sie sich das Leben nun so bequem als möglich macht."

„Mir soll es auch recht sein, obschon ich nicht begreife, wie Jemand, dem nichts fehlt, so lange im Bett liegen bleiben kann," sagte Justine und strickte um so eifriger, gerade als ob sie die von der Advokatenwittwe verschlafene Zeit wieder mit einbringen müßte.

Nach einer Weile hob sie wieder an.

„Ich bin nur neugierig, ob wir nicht bald einen neuen Advokaten hierher bekommen werden."

„Damit wird es wohl eine Weile Zeit haben," entgegnete der Uhrmacher. „Wer, der anderwärts nur einigermaßen seine Existenz hat, soll sich denn hierher in dieses elende Nest setzen, wo ein solcher Mann nicht blos hundewenig verdient, sondern auch obendrein versauert und verbauert.

„Hatte nicht der Rath selbst in öffentliche Blätter eine Aufforderung einrücken lassen, durch welche junge Juristen auf diese Gelegenheit, sich hier niederzulassen, aufmerksam gemacht werden sollen?"

„Ja, das ist allerdings geschehen," entgegnete Justinen's Onkel, „aber der wohllebe Rath wird lange warten können, ehe ein solcher studirter Vogel sich auf die ausgesteckte Leimruthe setzt, um elendiglich darauf zu verhungern, wenn er nicht, wie sein verstorbener Vorgänger, eine Frau mitbringt, die etwas in die Milch zu brocken hat."

Das Gespräch zwischen Onkel und Nichte ruhte nun wieder eine Weile, bis Justine, nachdem sie abermals einen Blick durch's Fenster geworfen, plötzlich rief:

„Was der Tausend! Da drüben unter der Thür
des Gasthofes steht ein Fremder.“

„So?“ entgegnete der Uhrmacher, ebenfalls mit
dem Ausdruck der Verwunderung, und machte einen
langen Hals, um von seinem Fenster aus des An-
blicks, von welchem Justine gesprochen, auch theilhaftig zu werden.

Die Verwunderung der Beiden über das Erscheinen eines Fremden zu dieser Jahreszeit war
eine vollkommen gerechtfertigte und auf Erfahrung
begründete.

Grünheim war an und für sich ein so unbe-
deutender Ort und lag so sehr außerhalb der Ver-
kehrswelt, daß es höchstens im Sommer von einigen
Vergnügungsreisenden aus Waldenburg, oder anderen nicht fern gelegenen größeren Städen besucht ward.

Der ohnehin kleine und einzige Gasthof enthielt
daher auch nur zwei, höchstens drei Fremdenzimmer,
während alle übrigen Räume des Hauses dem Haupt-
erwerb des Besitzers, nämlich landwirthschaftlichen
Zwecken, gewidmet waren.

War die Verwunderung des Uhrmachers und
seiner Nichte über die bloße Erscheinung eines Fremden
zu so ungewohnter Zeit und Stunde schon eine ge-
rechte und große gewesen, so stieg sie noch bedeutend

höher, als der Fremde, nachdem er von seinem Stand=
punkt aus einige Blicke rechts und links geworfen,
sich in Bewegung setzte und seine Schritte gerade
auf das Haus zulenkte, dessen Erdgeschoß von dem
Uhrmacher bewohnt ward.

So wie der Fremde näher kam, sah man, daß
es ein noch junger Mann von höchstens dreißig
Jahren war.

Von Wuchs lang und stattlich, besaß er dabei
schöne regelmäßige Züge, die von dunkelblondem,
etwas lockigem Haar und einem Vollbart von der=
selben Farbe umrahmt wurden.

Seine Kleidung war, obschon nicht gerade elegant,
doch gut und sauber.

Dennoch verrieth sie zugleich, daß der Träger
höchstwahrscheinlich mit irdischen Glücksgütern nicht
sonderlich gesegnet war.

Sie war nämlich von der Art, wie sie wohl für
den Sommer genügte, aber im Winter, selbst wenn
derselbe, wie jetzt, seinem Ende entgegenging, nicht
für ausreichend erachtet werden konnte, denn die
Kleidung soll ja nicht nur die Blöße des Menschen
bedecken, sondern ihn auch wärmen und schützen.

Daß aber die des Fremden diese Bedingung
nicht erfüllte, sah man ihm selbst auf diesem kurzen
Wege recht deutlich an.

Die Haſt, womit er, nachdem er das Gaſthaus
erſt wenige Schritte im Rücken hatte, den noch offen=
ſtehenden oberſten Knopf ſeines kurzen dünnen Rockes
zuknöpfte, verrieth, daß er an dieſem kalten, feuchten,
rauhen Februarmorgen den Mangel eines tüchtigen,
langen, gut wattirten Ueberziehers von Double=
oder anderm der Jahreszeit gemäßen Stoff ſehr ſchmerz=
lich empfand.

„Aber wer kann das ſein?“ fragte Juſtine in
immer größerer Aufregung. „Er kommt ja gerade
auf uns zu!“

„Na, dann werden wir es wenigſtens eher er=
fahren, als wenn er krumm auf uns zukäme,“ be=
merkte der alte auf Wortſpiele verſeſſene Uhrmacher.

Er hatte nicht Zeit, noch etwas Weiteres hinzu=
zuſetzen, denn ſchon hörte man die Hausthürklingel
und gleich darauf ward an die Thür des Zimmers
gepocht.

„Herein!“ rief Juſtine und legte erwartungsvoll
ihre Strickerei vor ſich auf den Tiſch.

Sechstes Kapitel.
Wer lieben will, muß leiden.

„Ich wünsche guten Morgen," sagte der Fremde, indem er höflich, noch ehe er völlig eingetreten war, den Hut abnahm und sich leicht und ungezwungen verbeugte. „Ich wünsche guten Morgen und bitte um Entschuldigung, daß ich so früh schon störe." ˋ

Wäre der Rock des Fremden nicht von oben bis unten zugeknöpft gewesen, so hätte der alte Uhrmacher gleich aus dem Vorhandensein oder dem Mangel einer Uhrkette mit einiger Wahrscheinlichkeit schließen können, ob dieser Besuch ihm in seiner Eigenschaft als gewerbtreibender Künstler gelte, oder ob demselben andere Motive zu Grunde lägen.

Der junge Mann schien die Gedanken des Uhrmachers zu errathen, denn ehe noch dieser oder seine Nichte den Gruß erwiedern konnte, setzte er hinzu:

„Um noch weitere Entschuldigung muß ich bitten, daß ich nicht komme, um Ihre Thätigkeit in

5 *

Ihrem Fache in Anspruch zu nehmen, mein Herr, sondern bloß, um Sie in einer für mich ungemein wichtigen Sache zu Rathe zu ziehen."

Der Fremde sprach dies in so lautem Tone und so geflissentlich deutlich, daß mit Gewißheit anzunehmen stand, es habe ihn Jemand von der Harthörigkeit des alten Martin Schüßler vorher unterrichtet.

Justine betrachtete sonst jeden fremden Menschen mit mißtrauischem Auge und befreundete sich überhaupt nur schwer mit Jemandem. Gleichwohl schien der junge Mann, den sie jetzt zum ersten Male sah, sofort einen sehr guten Eindruck auf sie zu machen, denn sie erhob sich, trug einen Stuhl herbei und sagte mit einem nach ihrer Art freundlichen Knix:

„Haben Sie die Güte, Platz zu nehmen."

Martin Schüßler legte das Rädchen, mit dessen Ausputzen er gerade beschäftigt war, ebenfalls weg, drehete sich mit seinem Arbeitssessel nach dem Stuhl, auf welchem der Fremde Platz genommen, herum und sagte:

„Wenn ich Ihnen dienen kann, so soll es gern geschehen. Wen habe ich die Ehre zu sprechen?"

„Ich bin," antwortete der Fremde, „der Notar und Abvokat Heinrich Hammermeister aus Waldenburg. Obschon ich mich dort seit länger als

vier Jahren niedergelassen, hat es mir doch bis jetzt
nicht gelingen wollen, eine nur einigermaßen ein=
trägliche Praxis zu erlangen. In großen Städten,
wissen Sie, wimmelt es von Juristen und —"

„Ja, ja," unterbrach Martin Schüßler, „es ist
gerade wie mit den Uhrmachern, da hockt auch einer
auf den andern."

„Sehr richtig," fuhr der junge Mann fort.
„Kürzlich nun las ich in der Zeitung eine Bekannt=
machung des Magistrats von Grünheim, welche zur
Ausübung der Abvokatur= und Notariatspraxis be=
fugte Juristen aufmerksam machte, daß der zeither
hier wohnhaft gewesene einzige Abvokat gestorben
sei und deshalb sich die Niederlassung eines Nach
„folgers wünschenswerth mache."

„Und Sie dachten, das wäre etwas für Sie?"
fragte der Uhrmacher, während seine Nichte, zu be=
scheiden, sich in das Gespräch zu mischen, sich gleich=
wohl nicht enthalten konnte, einen mitleidigen Blick
gen Himmel zu werfen, als ob sie sagen wollte:

„Ach Du armer Schelm! Da kommst Du hier
erst schön an!"

„Ja," antwortete der junge Abvokat auf die an
ihn gerichtete Frage. „Ich dachte, es wäre etwas
für mich. Es war gestern Vormittag, wo ich jene
Bekanntmachung las und noch am Nachmittag machte

ich mich auf den Weg hierher, wo ich kurz vor
Mitternacht anlangte."

„Mein Gott," sagte Justine, die sich nun nicht
länger enthalten konnte, sich mit bei dem Gespräch
zu betheiligen, „dann haben Sie wohl diesen weiten
Weg bei dieser kalten, rauhen Witterung zu Fuße zu=
rückgelegt?"

„Allerdings, mein Fräulein," antwortete Ham=
mermeister und verrieth dadurch fernerweit, daß er,
ebenso wie er von der Schwerhörigkeit des alten Uhr=
machers unterrichtet war, auch wußte, mit welchem
Prädikat er die Nichte anzureden hatte.

Auf Justine selbst, die, wie schon erwähnt worden,
in Grünheim blos schlechtweg „Mamsell" titulirt
ward, machte die modernere, feinere und großstädtische
Benennung „Fräulein" einen sehr guten Eindruck
und sie ward dem jungen Mann, der sich über seine
unglückliche Lage so offen und freimüthig aussprach,
immer gewogener.

„Das ist ein starkes Stück, welches ich Ihnen
nicht nachmache, Herr Advokat," bemerkte der alte
Uhrmacher. „Es wundert mich, daß Sie da drüben
im Gasthof zu dieser späten Stunde noch Einlaß ge=
funden haben."

„Schwierigkeiten hatte die Sache allerdings,"
antwortete Hammermeister lächelnd. „Ich mußte sehr

lange pochen, endlich aber kam mir der Nachtwächter
zu Hülfe, der, obschon er für nächtliche Ruhe und
Stille sorgen soll, doch mir zu Liebe einen solchen
Höllenspektakel machte, daß man mir endlich öffnete."

„Ja, ja," fiel Justine ein; „ich besinne mich
jetzt, daß ich von diesem Getöse selbst halb aus dem
Schlaf geweckt ward. Erst dachte ich, es wäre Feuer,
und wollte schon den Onkel wecken. Es dauerte je=
doch nicht lange, so ward Alles wieder ruhig und
ich schlief wieder ein."

„Heute Morgen," fuhr der arme Notar in seiner
Erzählung weiter fort, „war es mein Erstes, den
Gastwirth da drüben von der Absicht, in welcher ich
hierhergekommen, in Kenntniß zu setzen und ihn zu
fragen, ob mir vielleicht schon Jemand zuvorgekommen
und in die hier durch den Tod gerissene Lücke ein=
gerückt sei."

„Und Sie hörten, daß dies nicht der Fall ist,"
bemerkte Martin Schüßler.

„Sehr richtig," fuhr Hammermeister fort. „Mein
Wirth sagte mir, daß der verstorbene Advokat von
Grünheim noch keinen Nachfolger gefunden habe, und
wahrscheinlich auch nicht sogleich einen finden werde,
denn die Aussicht auf Verdienst sei dabei sehr gering."

„Ich freue mich, daß mein alter Freund da
drüben —," der Uhrmacher deutete, indem er dies

sagte, mit dem Kopfe nach der Richtung, in welcher
der Gasthof stand — „Ihnen das sogleich gesagt hat.
Ich hätte ihm nicht so viel Einsicht zugetraut."

Der arme Notar lächelte schmerzlich und fuhr
fort:

„Er sagte mit anerkennenswerther Offenheit auch
selbst, daß er von der ganzen Sache zu wenig Kennt=
niß habe, um mir einen zuverlässigen Rath ertheilen
zu können, und meinte, wenn ich mit Jemandem
sprechen wollte, auf den ich mich verlassen könnte
und der mir in jeder Beziehung reinen Wein ein=
schenken würde, so sollte ich nur zu Ihnen gehen."

„Und," entgegnete der alte Uhrmacher lächelnd,
„er hat Ihnen wohl auch gesagt, daß ich halb taub
bin, denn sonst würde ich Sie nicht so gut verstehen."

„Und von mir," setzte Justine, ehe der Gefragte
antworten konnte, hinzu, „daß ich zur Zeit noch un=
verheirathet bin, denn sonst würden Sie mich nicht
Fräulein genannt haben.

Hammermeister machte erst dem Onkel und dann
der Nichte eine stumme Verbeugung und gab dadurch
zu verstehen, daß sie Beide in ihrer Voraussetzung
Recht hätten.

„Leider," hob Martin Schüßler an, „kann ich das,
was Ihr Wirth Ihnen gesagt, nur bestätigen. Die
Aussichten für einen Mann von Ihrem Fach sind,

was Erwerb betrifft, durchaus nicht ermuthigend. Ihr Vorgänger — überdies ein Jurist vom allergewöhnlichsten Schlage — wäre nicht im Stande gewesen, von dem Ertrage seiner Praxis auch nur seinen Bierdurst —"

„Der aber auch ein kolossaler war," warf Justine mit abermaligem Augenverdrehen ein.

„Ja, da hast Du Recht, Justine, aber Du mußt auch bedenken, daß wir hier in Grünheim sehr billige Bierpreise haben," entgegnete der alte Uhrmacher.

Dann griff er wieder den Faden dessen, was er vorher gesagt, auf und fuhr fort:

„Also ich wollte sagen, daß unser verstorbener Advokat mit seiner Praxis nicht einmal so viel verdiente, als er brauchte, um seinen Bierdurst zu stillen, und daß er deshalb sehr oft durstig zu Bett hätte gehen müssen, wenn er nicht eine Frau mit Vermögen gehabt hätte, deren Einkünfte ihn der Nothwendigkeit überhoben, sich in dieser Beziehung großen Zwang anzuthun.

Heinrich Hammermeister lächelte wieder schmerzlich und entgegnete:

„Mein Durst ist allerdings kein kolossaler und in dieser Hinsicht wäre ich gegen meinen verstorbenen Collegen im Vortheil. Dagegen ist meine Frau ganz vermögenslos und da der Mensch außer der

Stillung seines Durstes noch andere ebenso wichtige Bedürfnisse hat, so wäre ich, Alles in Allem betrachtet, entschieden im Nachtheil."

„Wie? Sie sind verheirathet?" fragten Onkel und Nichte wie aus einem Munde, während die Miene der Letzteren verrieth, daß der junge Mann in ihrer Meinung urplötzlich um wenigstens fünfzig Procent sank.

„Warum klingt das Ihnen so unwahrscheinlich?" entgegnete der arme Notar auf die doppelt an ihn gerichtete, dem Inhalte nach aber einfache Frage. „Ja, ich bin verheirathet und wir haben ein Kind von drei Jahren, ja, wir würden sogar eins von vier Jahren haben, wenn es nicht wieder gestorben wäre.

„Na," bemerkte Justine, „das kann Ihnen, da Sie, wie Sie sagen, in so bedrängten Verhältnissen leben, nur lieb sein."

Die Nichte des Uhrmachers war, wie fast alle alte Jungfern, eine entschiedene Kinderfeindin und der Umstand, daß dieser junge Mann, der ihr übrigens so gut gefiel, ganz gegen ihre Vermuthung vermählt war, machte sie fast geneigt, ihm etwas Unangenehmes zu sagen.

Martin Schüßler war jedoch Mann und folglich frei von Regungen, wie sie nur in der Brust eines

Weibes vorkommen können, und er sagte in theilneh=
mendem Tone:

„Das thut mir aufrichtig leid zu hören. Ich
bin ein alter Junggesell und weiß daher nicht aus
eigner Erfahrung, was Vaterfreuden sind, dennoch
aber kann ich mir recht lebhaft denken, wie schmerzlich
der Verlust eines Kindes sein muß. War das, welches
Ihnen gestorben, ein Knabe oder ein Mädchen?"

„Es war ein Knabe," antwortete Hammermeister
und es fehlte nicht viel, so wären ihm bei der Er
innerung an den Tod seines Erstgebornen die Thränen
in die Augen getreten.

„Und ist das, welches ihnen geblieben, auch ein
Knabe?" fragte der alte Uhrmacher weiter.

Der Advokat ohne Praxis sah eine Weile vor
sich hin und sagte dann:

„Nein, es ist ein Mädchen, leider aber ist es
auch in Bezug auf dieses sehr zweifelhaft, ob ich es
bei meiner Heimkunft noch lebend antreffen werde."

„Ach, Sie armer Mann!" rief Justine, die über
so vielem fremden Unglück die eigene Enttäuschung
sofort wieder vergaß und der Gutmüthigkeit, welche
der Ausdruck ihres Charakters war, auch durch ihre
Worte wieder Rechnung trug. „Wie haben Sie aber
unter solchen Umständen überhaupt sich von zu Hause
entfernen können?"

„Die Noth und Verzweiflung trieb mich dazu,"
antwortete Hammermeister mit der Freimüthigkeit,
die er gleich bei seinem ersten Auftreten hier an den
Tag legte. „Meine Frau ist, wenn auch nicht aus
reichem, doch aus wohlhabendem Stande und deshalb
an so mancherlei Bedürfnisse gewöhnt, welche sie sich
nun schon längst eins nach dem andern hat versagen
lernen müssen. Die Mutter hat sie schon frühzeitig
verloren und ihr Vater, der vor zwei Jahren starb,
entzog ihr durch sein Testament das, wenn auch nicht
große Vermögen, welches ihr außerdem zugefallen
wäre."

„Aber dazu muß er doch einen Grund gehabt
haben," bemerkte Martin Schüßler.

„Allerdings," antwortete Hammermeister. „Der
Grund, weshalb er so hart gegen seine Tochter
handelte, war einfach der, daß Sie mich wider seinen
Willen geheirathet hatte."

„Wider seinen Willen?" wiederholte Justine, die
sich für die Lebensgeschichte ihres neuen Bekannten
immer mehr interessirte.

„Ja," fuhr dieser fort. „Die Geschichte wäre
zu lang, um sie Ihnen jetzt ausführlich zu erzählen.
Es genüge Ihnen daher vor der Hand, zu wissen,
daß meine Frau noch eine, etwa zwei Jahr ältere
Schwester hat, mit welcher ich zuerst verlobt war.

Im Laufe der Zeit aber und während ich im Hause
des Vaters aus- und einging, lernte ich auch diese
jüngere Schwester kennen und liebgewinnen."

„Ei, ei!" sagte Justine, indem sie den Mund zu-
sammenzog und den Kopf zurückwarf. „Das ist sehr
unrecht und soll durchaus nicht vorkommen."

Sie hatte zwar, wie sie oft mit jungfräulichem
Stolz erklärte, nie geliebt und hätte vielleicht auch
mit gleicher Gewißheit behaupten können, niemals
Liebe eingeflößt zu haben, aber sie hatte eine lange
Lebenszeit hinter sich, in welcher sie auch in Bezug
auf dieses Kapitel so Mancherlei mit angesehen.
Ueberdies hatte sie auch so und so viel hundert
Romane gelesen, in welchen ja bekanntlich die Liebe
die Hauptrolle spielt, während alles Andere sich gewissermaßen nur als Staffage um diesen Kern herum-
gruppirt.

Deßhalb glaubte sie sich vollkommen befugt und
berechtigt, in solchen Dingen auch ein Wort mit zu
sprechen und ein Urtheil abzugeben.

„Es kommt im menschlichen Leben Vieles vor,
was nicht vorkommen soll," sagte Martin Schüßler
in seiner versöhnlichen vermittelnden Weise, „und es
kann ein Jeder, mag er sein, wer er wolle, sich mehr
oder minder nachdrücklich an seiner eigenen Nase
zupfen."

Justine wußte, daß sie, wenn sie etwas hierauf
entgegnete, von ihrem Onkel nur noch schärfer zu=
rechtgewiesen werden würde.

Dieser Gefahr aber hatte sie nicht Lust, sich
noch dazu in Gegenwart eines Fremden, auszusetzen.
Sie begnügte sich deshalb, nach ihrer Art, wie sie zu
thun pflegte, wenn sie sich beleidigt oder verletzt
glaubte, den Kopf emporzuwerfen und schien sich zu=
gleich vorzunehmen, sich nicht weiter, wenigstens nicht
wesentlich, an dem Gespräch zu betheiligen.

„Bitte, erzählen Sie weiter," setzte Martin
Schüßler zu seinem Besucher gewendet hinzu.

Hammermeister fuhr demgemäß fort:

„Der Vater der beiden Schwestern, ein alter
eigensinniger Bureaukrat, erklärte mir, als er von
dem wahren Stand der Sache Kenntniß erhielt, so=
fort, daß, wenn ich mein seiner ältesten Tochter ge=
gebenes Wort bräche und mich mit der jüngern ver=
mählte, er sich dann von dieser vollständig lossagen
würde. Charlotte — so hieß die jüngere Tochter —
und ich kehrten uns jedoch nicht daran, sondern lie=
ßen uns, trotzdem, daß der Vater seine Einwilligung
versagte, vermählen und begannen nun unser Zu=
sammenleben, welches wir uns freilich ganz anders
geträumt hatten, als wir es in der Wirklichkeit fanden."

„Eine Täuschung, die, glaube ich, unter ähn=

lichen Umständen sehr vielen Liebenden beschieden ist,"
bemerkte der alte Uhrmacher. „Est solamen miseris,
socios habuisse malorum — Sie sehen, daß ich dem
Lateiner auch einmal durch's Haus gelaufen bin,"
setzte er lachend hinzu.

„Ach ja," entgegnete Hammermeister, „allerdings
ist es im Elend ein Trost, Unglücksgenossen zu haben;
wenn man aber keinen andern hat, als den, zu sehen,
daß es andern Leuten auch schlecht geht, so bleibt es
immer sehr schlimm. Meine Eltern sind längst
gestorben, vermögende Geschwister oder Freunde
habe ich auch nicht und da Charlottens Vater sich
hartnäckig weigerte, ihr auch nur die kleinste Aus=
stattung mitzugeben, so blieb uns weiter nichts übrig,
als uns auf Credit einzurichten und unsern Ehestand
mit Schuldenmachen anzufangen."

„Und eine lohnende Berufsthätigkeit wollte sich
nicht für Sie finden?" warf der Uhrmacher ein.

„Nein," antwortete der junge Mann. „Die
Haupterwerbsquelle der Advokaten und Notare in
Waldenburg besteht im Administriren von Häusern,
Verschaffen von Geldern, Regulirung und Abwickelung
von Concurssachen und andern dergleichen Geschäften,
wie sie in einer großen Handels= und Verkehrsstadt
vorzukommen pflegen.

„Und um solche Geschäfte," unterbrach Martin

Schüßler wieder, „mit gutem Erfolg betreiben zu
können, ist es nöthig, daß man selbst ein kleines
Kapital in Händen habe, um Verläge machen und
auf den Eingang der zuweilen sehr lange aus=
bleibenden Gebühren warten zu können, nicht wahr?"

„Sehr richtig," bestätigte Hammermeister. „Diese
Mittel fehlten mir, und so viel Mühe ich mir auch
gab, mich bekannt zu machen und mir Clienten zu
erwerben, so verging doch ein Monat nach dem
andern, ohne daß mir andere als höchst unbedeutende,
wenig oder gar nicht lohnende Rechtssachen aufge=
tragen worden wären."

„Und die Bedürfnisse des Ehe= und Familien=
lebens steigerten sich mittlerweile immer höher, das
versteht sich von selbst."

„Jawohl. Chárlotte war sehr häufig krank,
die Kinder, welche sie mir schenkte, wollten auch nicht
recht gedeihen, das erste starb wieder, wie ich schon
vorhin erwähnt, und ich brauche Ihnen unsere trost=
lose, verzweiflungsvolle Lage nicht weiter auszu=
malen."

„Und Ihr Schwiegervater ließ sich nicht be=
wegen, etwas für Sie zu thun?"

„Nein. Wir kannten seine Unbeugsamkeit und
machten daher auch gar keinen Versuch, ihn zu un=
sern Gunsten zu stimmen. Als nach seinem Tode

das Testament, welches er hinterlassen, geöffnet ward, fand sich, daß er seine Drohung, meine Gattin zu enterben, wirklich ausgeführt hatte. Sie ward mit dem Pflichttheil abgefunden und da das ganze Vermögen ein nur geringes war, so können Sie sich leicht denken, daß das davon uns zufallende Minimum im Verhältniß zu unserer bedrängten Lage nur das war, was man im gemeinen Leben einen Schlag in's kalte Wasser nennt. So würgten wir uns mit Hunger und Kummer weiter durch, bis ich endlich gestern las, daß vielleicht hier in diesem Orte Aussicht auf eine bessere Existenz für mich und die Meinen vorhanden sei. Leider weiß ich nun, daß auch diese Hoffnung eine trügerische gewesen ist."

„Aber," hob Justine, die trotz ihrem vorhin gefaßten Vorsatze sich nun nicht mehr enthalten konnte, wieder ein Wort mit dreinzugeben, „konnte es denn die ältere Schwester über's Herz bringen, nicht die Großmüthige zu spielen und sich Ihrer anzunehmen?"

„Ja, das hat sie gekonnt," entgegnete Hammermeister. „Bald nach meiner Vermählung mit Charlotte heirathete sie auf Anbringen ihres Vaters, dessen hartes Herz sie geerbt zu haben scheint, einen alten reichen Banquier, einen halben Millionär, in dessen Geldkasten Mitgift und Erbtheil seiner jungen Frau verschwanden wie ein Tropfen Wasser im Meer."

Siebentes Kapitel.

Die Armuth soll leben!

Als der junge Advokat die den Schluß des vorigen Kapitels bildenden Worte gesprochen hatte, sahen Onkel und Nichte einander betroffen an und Ersterer fragte dann im Tone gespannter Erwartung, während auch Justine ihren Strickstrumpf in den Schooß sinken ließ und dadurch den höchsten Grad von Neugier zu erkennen gab.

„Wie heißt dieser alte Banquier?"

„Er heißt Adrian Schüßler," antwortete der Gefragte. „Die Firma ist Adrian Schüßler & Comp. Der Compagnon ist jedoch schon längst wieder ausgeschieden und der alte Schüßler war noch bis vor Kurzem alleiniger Inhaber des Geschäfts, welches jetzt durch Verkauf in andere Hände übergegangen ist."

„Justine," sagte der alte Uhrmacher, ehe er etwas auf die Worte des jungen Advokaten erwiederte,

„mache so gut, wie unsere Mittel es gestatten, ein
kleines Frühstück zurecht und dann gehe hinüber in
den Gasthof und hole eine Flasche Wein. Laß Dir
aber eine gute geben und nicht solchen Krätzer, wie
man den Leuten in der Regel dort vorzusetzen pflegt."

Die Nichte des Uhrmachers erhob sich sofort von
ihrem Stuhl, warf ihren hastig zusammengewickelten
Strickstrumpf und Garnknäuel in ein neben ihr auf
dem Fensterbret stehendes Körbchen und schickte sich
an, den ihr ertheilten Auftrag zu vollziehen. An
ihrer freudigen Miene sah man, daß ihr derselbe aus
der Seele gesprochen war.

„Aber, mein Himmel," sagte Hammermeister
verwundert, nachdem Justine das Zimmer verlassen
hatte, „Sie werden doch nicht um meinetwillen Umstände machen wollen? Wie käme ich dazu?"

„Ich werde doch," entgegnete der alte Uhrmacher,
indem er den immer mehr erstaunenden jungen Mann
bei der Hand ergriff, „einen nahen Verwandten nicht
wieder fortgehen lassen, ohne die Pflicht der Gast-
freundschaft, so gut es mir eben möglich ist, an ihm
erfüllt zu haben."

„Einen Verwandten?" wiederholte Hammermeister.

„Nun ja freilich!" rief der Uhrmacher lachend.

„Wenn Sie eine Frau haben, deren Schwester mit
dem alten reichen Commerzienrath Schüßler in

Walbenburg vermählt ist, und wenn dieser einen armen alten Uhrmacher in Grünheim zum Bruder hat, so ist die nothwendige Folge, daß Sie auch mit dem letztgedachten würdigen Manne verwandt sind."

„Wie, Sie heißen auch Schüßler?"

„Jawohl, das ganze Jahr. Hat Ihnen denn der Gastwirth drüben, der Sie zu mir gewiesen, das nicht gesagt?"

„Nein, denn dieser Name wäre mir natürlich sogleich aufgefallen. „Gehen Sie nur zu dem alten Uhrmacher da drüben, sagte der Wirth, „der kann Ihnen über Alles genaue Auskunft geben!"

„Ja, ja, ich bin der einzige Uhrmacher im Orte und werde daher mehr bei meinem Handwerk, als bei meinem Namen genannt, der, glaube ich, selbst manchen Einwohnern von Grünheim nicht genau bekannt ist."

„Und ein Aushängeschild führen Sie auch nicht, sonst hätte ich Ihren Namen gelesen."

„Ein Aushängeschild oder eine Firma wäre für mich ein unnöthiger Luxus. Diese paar Klapperkasten," sagte Martin Schüßler, indem er auf die an seinem Arbeitsfenster an einer querübergezogenen Schnur hängenden Uhren deutete, „sind vollauf hinreichend, um den Leuten zu sagen, wer hier haust. Kennen Sie meinen Bruder persönlich?"

„Ja, obschon nur flüchtig. Gesprochen habe ich ihn nie."

„Das wird Manchem so gehen, der ihn vielleicht noch weit öfter gesehen hat, als Sie. Bruder Adrian war gleich von Kindheit an ein verschlossener, wortkarger Gesell, der ewig nur Zahlen und Rechenexempel im Kopfe hatte."

„Und darin scheint er auch frühzeitig einen hohen Grad von Meisterschaft erlangt zu haben, denn sonst wäre er nicht so reich geworden, wie er ist. Kommen Sie zuweilen mit ihm in Berührung?"

„Nein, so gut wie gar nicht," antwortete der Bruder des Banquiers. „Unser Vater war, eben so wie ich geworden bin, Uhrmacher und wohnte in einer kleinen Stadt Schlesien's. Bruder Adrian sollte auch die Kunst erlernen, die unser Vater trieb und die vor ihm auch unser Großvater und Urgroßvater getrieben. Er hatte aber keine Lust dazu, sondern ward Kaufmann, conditionirte in Hamburg, Amsterdam, London und wohl noch an andern großen Handelsplätzen und etablirte sich endlich in Waldenburg, wo er sich im Laufe der Zeit ein kolossales Vermögen erworben hat."

„Und Sie sahen einander nicht zuweilen?" fragte Hammermeister.

„Nein, gar nicht. Unsere Eltern starben sehr bald, nachdem ich das väterliche Haus verlassen, was

Adrian schon mehrere Jahre früher gethan. Ich
ging in die Fremde und hörte uno sah von meinem
ältern Bruder nichts als bis ich, nachdem ich mich
schon seit einigen Monaten hier niedergelassen, zu=
fällig erfuhr, daß er gar nicht weit von mir in der
Geld= und Handelswelt eine so bedeutende Rolle
spielte."

„Und haben Sie ihn nicht einmal besucht?"

„Wäre mir nicht eingefallen! Wir waren ein=
ander schon als Knaben nicht recht grün, denn un=
sere Temperamente sind so verschieden wie Tag und
Nacht. Zwar hat er es mit dem seinigen weiter ge=
bracht, als ich mit dem meinigen, aber deswegen
tausche ich doch nicht mit ihm. Er kann bei all' sei=
nem Reichthum sich auch nicht mehr als satt essen
und das habe ich trotz meiner Armuth auch immer
gekonnt."

In diesem Augenblick trat Justine wieder ein
und zeigte ihrem Onkel den Wein, welchen sie seinem
Geheiß zufolge geholt.

Martin Schüßler hielt die Flasche gegen das
Licht, erklärte, daß die Farbe ihm nicht übel gefiele,
und fuhr dann, während Justine sich mit dem Her=
richten des Frühstücktisches beschäftigte, in seiner Er=
zählung weiter fort:

„Ich hatte daher schon längst aufgehört, daran

zu denken, daß ich einen Bruder hätte, als er plötzlich im vergangenen Sommer selbst bei mir erschien. Er war auf der Durchreise begriffen und dabei wahrscheinlich aus Langweile, weil er hier ein paar Stunden auf Pferde warten mußte, auf den Einfall gekommen, mich zu besuchen. Wir hatten einander seit länger als fünfzig Jahren nicht gesehen, aber ich erkannte ihn sofort und ehe er noch seinen Namen genannt."

„Ich dachte mir auch gleich, wer es wäre," bemerkte Justine, „obschon ich ihn zum ersten Male sah und mich nur noch dunkel dessen erinnern konnte, was meine Mutter mir als Kind von ihm erzählte."

„Justine," bemerkte der Uhrmacher erläuternd, „ist das Kind einer ältern längst verstorbenen Schwester von mir."

„Ja, ich weiß es," entgegnete Hammermeister. „Der Gastwirth sagte mir, ehe ich zu Ihnen herüberging, daß Sie nicht gut hörten, daß aber im Nothfalle die unvermählte Nichte, welche Ihnen die Wirthschaft führte, in geeigneter Weise interveniren würde."

„Was ich aber bei Ihnen nicht nöthig haben werde," sah Justine sich veranlaßt, einzuwerfen. „Sie sprechen so ungemein deutlich und vernehmlich, daß der Onkel sicherlich Alles versteht, was Sie sagen."

Der alte Uhrmacher bestätigte durch freundliches

Kopfnicken das, was seine Nichte soeben gesagt, und fuhr dann in seiner Erzählung weiter fort:

„Bruder Adrian theilte mir, als er sich nach meinen Verhältnissen erkundigt, mit, daß er, nachdem er sein ganzes Leben lang sich von den Frauen fern= gehalten, jetzt auf seine alten Tage es sich noch habe einfallen lassen, ein Weib zu nehmen und zwar eins, welches für seine Jahre blutjung zu nennen sei."

„Da hat er auch sehr Recht, denn Mathilde — so heißt die Schwester meiner Frau — zählt gegen= wärtig höchstens sieben und zwanzig Jahr, während er nahe an die Siebzig sein muß."

„Hinein ist er, hinein!" entgegnete der Uhr= macher. „Ich bin acht und sechzig, er ist drei Jahr älter als ich und folglich ein und siebzig."

„Das stimmt!" mischte Justine sich ein. „Meine Mutter wäre, wenn sie noch lebte, jetzt zwei und achtzig und ich besinne mich noch recht wohl, daß sie sagte, ihr ältester Bruder sei elf Jahr jünger als sie."

„Natürlich," fuhr Martin Schüßler fort, „wenn der Mensch etwas Schönes besitzt oder zu besitzen glaubt, so will er auch gern Parade damit machen, und als mein Bruder bemerkte, daß ich neugierig war, seine junge Frau zu sehen, ließ er sie sofort aus dem Gasthofe herüberholen und stellte sie uns vor."

„Und wie gefiel sie Ihnen?" fragte Hammer=
meister.

„Was die körperliche Erscheinung betraf, sehr
gut, und wenn Sie, lieber Freund, mit ihr schon
verlobt gewesen sind und sie dennoch um der jüngeren
Schwester willen verlassen haben, so muß diese letztere
ein wahrer Ausbund von Schönheit sein."

„Nein, das ist keineswegs der Fall," entgegnete
der junge Advokat. „Meine arme Charlotte kommt
ihrer Schwester in Bezug auf äußere Erscheinung
bei Weitem nicht gleich und wenn ich blos auf kör=
perliche Schönheit gesehen hätte, so wäre ich Mathil=
den nicht untreu geworden."

„Dann waren es also vorzugsweise geistige
Eigenschaften, welche Sie zu der jüngeren Schwester
hinzogen?"

„Jawohl. Eben so wie Mathildens stolzer, herrsch=
süchtiger Character mich ihr bei längerem Umgange
abgeneigt machte, eben so unwiderstehlich bestrickte
Charlotte, als ich diese näher kennen lernte, mich
durch die Sanftheit und Anmuth ihres Wesens, wäh=
rend sie zugleich immer deutlicher verrieth, daß auch
ich ihr nicht gleichgültig war."

„Meine Herren," sagte Justine, welche mittler=
weile mit dem Herrichten des Frühstücks fertig ge=
worden war, „wenn Sie sich nun hierherbemühen

und Platz nehmen wollen, so können Sie Ihr Ge=
spräch hier ebenso gut fortsetzen als dort."

„Ja, kommen Sie," sagte Martin Schüßler,
indem er sich erhob und Hammermeister veranlaßte,
ein Gleiches zu thun, „kommen Sie und laſſen Sie
uns ein Glas auf die neue Verwandtschaft und eine
beſſere Zukunft leeren."

Der so Aufgeforderte ſetzte ſich mit dem freund=
lichen alten Mann zu dem Frühſtück nieder, welches
Juſtine aufgetragen und an welchem ſie ebenfalls
theilzunehmen ſich anſchickte.

Der alte Uhrmacher erzählte nun ſeinem aufge=
fundenen Verwandten weiter, was wir ſchon wiſſen,
nämlich daß ſein Bruder ihm verſprochen, nach der
Rückkunft aus der Schweiz ihn wieder zu beſuchen
oder ihn zu ſich nach Waldenburg kommen zu laſſen,
daß er aber, ebenſo wie vor jenem erſten Beſuche,
nicht das Mindeſte wieder habe von ſich hören
laſſen.

„Ich werde ihm nicht nachlaufen," ſetzte der
Uhrmacher, als er mit ſeiner Erzählung fertig war,
hinzu. „Er ſchien wohlwollende Abſichten mit uns
zu haben, wahrſcheinlich aber hat ſeine junge Frau
Gemahlin ihn wieder auf andere Gedanken gebracht.
Sie ſah mir ſelbſt, gerade ſo wie Sie, lieber Freund,
ſie ſchildern, ſtolz und herrſchſüchtig aus und ſchien

über die Verwandschaft mit uns armen Leuten nicht
sonderlich erbauet zu sein."

„Erst vorgestern," entgegnete Hammermeister,
„hörte ich, daß Ihr Bruder gefährlich erkrankt ist.
Es war sein Hausarzt selbst, mit dem ich sprach, und
dieser meinte, bei dem vorgerückten Alter des Patien-
ten könne der Ausgang dieser Krankheit sehr leicht
ein tödtlicher sein.

„Na, das entschuldigt freilich," sagte Martin
Schüßler. „Wenn der Mensch auf den Tod krank
ist und vielleicht selbst sein Ende heransehen sieht, so ...
kann man nicht von ihm verlangen, daß er an einen
Bruder denke, der für ihn so gut wie gar nicht existirt
hat. Wahrscheinlich ist dem guten Adrian seine halbe
Million in den Leib getreten und somit noch die Ursache
zu seinem Tode geworden. Gäbe es keine andere,
so wären wir glücklich daran, junger Freund, und
vor dem Tode so sicher, wie irgend ein Mensch nur
sein könnte."

Der alte Uhrmacher ahnte, indem er dies sagte
nicht, daß er der Sicherheit, worin er in diesem
Augenblick schwelgte, schon in wenigen Tagen verlustig gehen sollte.

„ Stoßen Sie an, junger Freund," fuhr er fort,
indem er sein Glas ergriff. „Unsere Armuth soll
leben!"

Hammermeister fand diesen Toast von seinem Standpunkte aus doch ein wenig zu excentrisch. Zwischen seiner Armuth und der des jovialen alten Uhrmachers herrschte immer noch ein gewaltiger Unterschied. Während er oft nicht genug hatte, um mit den Seinigen nicht Hunger leiden zu müssen, langte es bei dem Uhrmacher, wenn er auch nichts zurücklegen konnte, doch immer „aus der Hand in den Mund" und wie Figura zeigte, war er sogar im Stande, einen zufälligen Gast auf eine Weise zu bewirthen, die, wenn auch nicht lucullisch, doch anständig und gemüthlich war.

Gleichwohl sah Hammermeister ein, daß es nicht recht von ihm wäre, wenn er seinem Wirth durch die Weigerung, in die von ihm ausgebrachte Gesundheit einzustimmen, die gute Laune verdürbe.

Er ergriff daher ebenfalls sein Glas, stieß erst mit dem alten Uhrmacher und dann mit Justine an, konnte sich aber, indem er den Trinkspruch wiederholte, doch nicht enthalten, den Wunsch hinzuzufügen, daß die Armuth wenigstens ihm gegenüber in etwas milderer Gestalt auftreten möge, als sie zeither gethan.

„Sie haben Recht," bemerkte Martin Schüßler; „bei mir geht es immer noch besser als bei Ihnen. Was eigentlich Nahrungssorge heißt, das habe ich ebenso wenig kennen gelernt als Justine hier. Sie aber, junger Freund, werden ein Lied davon zu singen wissen."

Der junge Abvokat ohne Praxis bestätigte durch
eine bedeutsame Geberde die Worte des Uhrmachers,
vermied es aber, durch nochmalige und ausführliche
Schilderung seiner bedrängten Lage sich ohne Noth
selbst das Herz schwer zu machen.

Man aß und trank nun eine Weile und plauderte
von allerhand andern zur Unterhaltung bei einem
fröhlichen Frühstück besser geeigneten Dingen.

Hammermeister erzählte von den Wundern des
großen, volkreichen Waldenburg, welches Martin
Schüßler ein einziges Mal und zwar schon vor langen
Jahren, Justine aber noch gar nicht mit leiblichen
Augen gesehen.

Sie war daher, während ihr neugefundener Ver=
wandter erzählte, im Stillen ganz verwundert, wie
Jemand, der an einem Orte wohnte, wo es fortwährend
so viel Schönes und zwar größtentheils umsonst zu
schauen gab, wünschen könne, seine Existenz nach einem
so elenden Orte wie Grünheim zu verlegen, wo es
selbst auf dem Hauptplatze, dem Markte, nichts weiter
zu sehen gab, als barfüßige, sich miteinander herum=
balgende schmutzige Kinder und botanisirende Gänse.

„Und was gedenken Sie nun zunächst zu thun,
lieber Freund?" fragte der Uhrmacher, nachdem man
sich in dieser Weise wohl eine Stunde lang ganz an=
genehm unterhalten und dabei nicht blos die ursprüng=

lich vorhandene eine, sondern auch noch eine, auf ihres Onkels Geheiß von Justine ebenfalls herbeigeholte zweite Flasche Wein geleert; „was gedenken Sie nun zunächst zu thun?"

Hammermeister entgegnete hierauf, daß ihm weiter nichts zu thun übrig bliebe, als nach Hause zurückzukehren und seiner armen Gattin die unerfreuliche Kunde zu bringen, daß sie durch eine Uebersiedelung von Waldenburg nach Grünheim nicht nur nichts gewinnen, sondern ihre jetzt schon so trostlose Lage nur noch trostloser machen würden.

„Vor einiger Zeit," setzte Hammermeister hinzu, „erbot sich ein College und Universitätsfreund, der mir zufällig begegnete und dem ich mich anvertraute, mich gegen einen bestimmten, freilich knappbemessenen Monatsgehalt als Hülfsarbeiter auf seiner Expedition zu beschäftigen. Wenn ich dieses Erbieten annehme, so verliere ich factisch meine Selbstständigkeit und es wird mir fast unmöglich werden, dieselbe je wieder zu erringen. Gleichwohl aber wird mir, wenn ich mit den Meinigen nicht geradezu ganz zu Grunde gehen will, nichts weiter übrig bleiben, als diesen letzten Rettungsanker auszuwerfen, sollte auch mein armes Lebensschifflein daran verfaulen."

Achtes Kapitel.

Das Darlehn.

„Sie müssen, lieber Freund," sagte der alte Uhrmacher auf die letzte Bemerkung seines neuen Verwandten, „nicht Alles von der schwärzesten Seite ansehen. Nehmen Sie das Anerbieten Ihres Freundes an, und stellen Sie sich dadurch wenigstens für die Zukunft und in Bezug auf das Nothwendigste sicher. Wer weiß, wo mittlerweile Ihnen Ihr Glück doch noch erblüht.".

Hammermeister schüttelte schmerzlich lächelnd den Kopf und gab damit zu verstehen, daß er die Hoffnung auf eine bessere Zukunft nun vollständig aufgegeben habe.

Nachdem man sich noch eine Weile über dies und jenes unterhalten, sah er nach einer der vielen im Zimmer umherhängenden, auf Probe in Gang gesetzten Uhren und sagte:

„Uebrigens wird es nun allmählich Zeit, daß

ich mich wieder auf den Weg mache, wenn ich nicht allzu spät am Abend wieder daheim sein will."

„Freilich," sagte der alte Uhrmacher, „acht Stunden sind ein tüchtiger Marsch, wiewohl ich, trotzdem ich ein alter Kerl bin, mich nicht davor fürchten würde, denn ich bin, schon im Allgemeinen noch rüstig, dies doch ganz besonders auf den Füßen, und mache jeden Sonntag Nachmittag regelmäßig einen Spaziergang von drei bis vier Stunden, ohne ein einziges Mal einzukehren. Wenn Sie es nicht glauben wollen, so fragen Sie hier meine Nichte."

„O, ich bezweifle es nicht im mindesten," entgegnete Hammermeister. „Dergleichen Beispiele von Rüstigkeit bei Leuten in vorgerückten Jahren kommen zuweilen vor."

Der alte Uhrmacher sah einige Augenblicke lang sinnend vor sich hin. Guter Wein macht bekanntlich muthig und unternehmungslustig, und nach einer kurzen Pause hob Martin Schüßler wieder an:

„Hätte ich nicht gerade ein paar so nothwendige Stücke Arbeit fertig zu machen, so hätte ich fast Lust, Sie, junger Freund, nach Waldenburg zu begleiten. Sie sagen, mein Bruder sei gefährlich krank, und wenn er sich auch nicht um mich bekümmert hat, so muß ich mir doch sagen, daß ich es auch nicht besser gemacht habe, und es würde mir später selbst zur

Beruhigung dienen, wenn ich ihn jetzt noch einmal gesehen hätte."

„Nun, so geh' doch mit, Onkel," sagte Justine in ermunterndem Tone. „Eine solche Gelegenheit, den Weg in so angenehmer Gesellschaft zu machen, findest Du nicht sogleich wieder. Die Herren, für welche Du Uhren zu repariren hast, können schon ein paar Tage warten."

„Das verstehst Du nicht, Justine," entgegnete der Onkel in etwas barschem Tone. „Herr von Zehrbach, der Rittergutsbesitzer und große Uhrenjockel, ist mein bester Kunde. Er kauft fortwährend Uhren aller Art, an welchen er, wenn sie ihm nicht nach Wunsch gehen, selbst herumpestelt, bis er sie so gründlich ruinirt hat, daß er dann nothgedrungen damit zu mir kommt. Die zweite bringende Arbeit, die ich vorhabe, die Secundenuhr unseres Arztes, muß bis morgen früh fertig sein, wenn ich nicht das Leben kranker Mitbürger muthwillig in Gefahr bringen will."

Justine machte bei dieser Erklärung ihres Onkels wieder ein mürrisches Gesicht.

Sie hatte sich schon längst mit der kühnen Idee getragen, einige Freundinnen zu einem solennen Kaffee einzuladen, und hätte folglich gern einmal die zufällige Abwesenheit ihres Onkels zur Verwirklichung dieses Plans benutzt.

Sie wußte jedoch, daß er sich in das, was er sein Handwerk nannte, durchaus nicht reden ließ, und hielt es daher für das Räthlichste, die Gelegenheit als blos aufgeschoben zu betrachten und das wirkliche Eintreten derselben ruhig abzuwarten.

Hammermeister seinerseits sprach sein lebhaftes Bedauern aus, der Begleitung seines neuen Verwandten auf der Heimreise nicht theilhaftig werden zu können, und setzte dann hinzu:

„Wären meine Geldmittel nicht so fürchterlich knapp und triebe mich nicht die Sorge um Weib und Kind wieder nach Hause, so wartete ich hier ein paar Tage, bis Sie mitreisen könnten; so aber —"

„Nein, nein," unterbrach Martin Schüßler, „gehen Sie nur immer voran, in zwei oder drei Tagen komme ich nach und werde dann, sobald ich gesehen habe, was mein Bruder macht, auch Sie und die Ihrigen aufsuchen."

Der alte Uhrmacher schwieg eine Weile und fuhr dann fort:

„Es thut mir leid, daß auch in meiner Kasse jetzt mehr Ebbe als Fluth vorherrschend ist, sonst würde ich es mir zum Vergnügen machen, Ihnen, junger Freund, ein kleines Darlehen anzubieten. Da

Sie Aussicht auf einen bestimmten Gehalt bei Ihrem Freunde haben, so könnten Sie mich ja mit der Zeit wiederbezahlen, aber, wie die Wiener sagen, es thut's halt nicht."

Hammermeister wollte seinen Dank für dieses freundliche Erbieten zu erkennen geben, Justine aber ließ ihn nicht zu Worte kommen, sondern sagte: „Vielleicht kann ich aushelfen. Ich habe mir, wenn auch nicht viel, doch etwas erstrickt und ernäht, und wenn ich damit dienen kann, so soll es mich freuen. Ich brauche es ja vor der Hand nicht!"

Der junge Advokat wollte wieder etwas sagen, kam jedoch abermals nicht zu Worte, denn Justine hatte kaum ausgeredet, so rief ihr Onkel: „Das ist ein guter Gedanke, Justine! Ja, bringe Deinen Schatz her! Er wird nicht so groß sein, daß man davor erschrecken könnte. Gieb ihn unserem armen Freund, damit er von seiner Reise wenigstens etwas mit nach Hause bringt. Daß Du Dein Kapital bei Heller und Pfennig wiederbekommst, dafür bürge ich."

Justine wartete nicht, bis ihr Onkel ausgeredet hatte, sondern ging an eine kleine Commode, schloß das oberste Fach derselben auf, kramte in einem sogenannten Beikästchen herum und brachte ein kleines, eignes Beutelchen zum Vorschein, woraus sie eine

7*

Anzahl Thalerstücke in die Hand schüttete und dann auf den Tisch, an welchem noch die beiden Männer saßen, hinzählte.

Es waren nicht mehr als zehn — die ganze Frucht eines mehrjährigen angestrengten Fleißes, insoweit die Erträgnisse desselben nicht durch allerhand Bedürfnisse der Arbeitenden absorbirt worden waren.

„Mehr habe ich nicht," sagte Justine. „So wenig es auch ist, so ist es mir doch sauer zu verdienen geworden, und es wird mir, aufrichtig gesagt, nicht ganz leicht, mich davon zu trennen. Ich müßte aber kein Herz im Leibe haben, wenn ich das Geld nicht zu einem solchen Zwecke hergeben wollte. Uebrigens ist es ja unverloren."

„Ja, ganz gewiß und wahrhaftig unverloren," rief Hammermeister, indem er seine Augen unverwandt auf die großen, blanken Silberstücke heftete.

Er hatte, wie wir gesehen, zweimal im Begriff gestanden, das ihm gemachte Anerbieten abzulehnen, und war daran nur durch den gutmüthigen Eifer seiner neuen Freunde und Verwandten verhindert worden.

Jetzt aber, wo er das Geld wirklich daliegen sah, konnte er es nicht über sich gewinnen, es wirklich zurückzuweisen. So klein die Summe auch war, so war es doch eine geraume Zeit her, seitdem er eine solche besessen, oder auch nur gesehen hatte.

Er konnte daher nicht der Versuchung wider=
stehen, sie wenigstens vorübergehend sein zu nennen.

„Sie sind sehr gütig, meine Freunde," sagte er mit wirklicher Rührung. „Wenn Sie mir dieses Geld leihen wollen, so nehme ich es mit Dank an und brauche Ihnen wohl nicht erst zu versichern, daß ich mir angelegen sein lassen werde, es Ihnen so bald als möglich zurückzuerstatten."

„Schon gut, schon gut, nehmen Sie nur!" sagten Onkel und Nichte gleichzeitig.

Hammermeister strich die zehn Thalerstücke vom Tische und ließ sie klirrend in seine Beinkleidertasche fallen, welche sich über diesen ungewohnten Besuch ebenso wundern mochte, wie eine armselige Schub=
kärrnerherberge, wenn plötzlich ein König mit seinem Gefolge einzieht.

Geld — sei es nun ehrlich erworbenes oder geborgtes, oder auch gar gestohlenes — macht Muth und Hammermeister fühlte sich jetzt, wo er seine Tasche so gut ausgestattet wußte, weit mehr geneigt, nach Waldenburg zurückzukehren, als kurz vorher, wo die darin vorhandenen wenigen Groschen ihm auf der Rückreise höchstens erlaubt haben würden, ein= oder zweimal einzukehren und seinen Hunger und Durst auf die allerbescheidenste Weise zu stillen.

So aber nahm er sich vor, den Rückweg blos bis zur nächsten, nicht ganz zwei Stunden entfernten Poststation zu Fuße zu machen, hier in der ihm aus frühere Zeiten bekannten, sehr guten Restauration einmal ein recht hübsches Mittagsmahl zu sich zu nehmen und dann die noch übrige Strecke seiner Rückreise bequem im Postwagen zurückzulegen.

Es thut uns leid, die gute Meinung, welche unsere Leser jedenfalls von Heinrich Hammermeister gefaßt haben werden, durch den Einblick, den wir ihnen somit in seine geheimen Gedanken gewähren, zum großen Theil wieder beeinträchtigen zu müssen.

Unsere Pflicht ist es jedoch vor allen Dingen, die Personen unserer sich auf wirkliche Thatsachen gründenden Erzählung so zu schildern, wie sie wirklich waren, und gleich von vorn herein die Triebfedern zu enthüllen, welche nothwendig vorhanden sein mußten, wenn die Geschicke unserer Personen sich so gestalten sollten, wie wir sie im weiteren Verlaufe der Erzählung sich gestalten sehen werden.

Heinrich Hammermeister war ein Mann, dessen Charakter gleichzeitig aus den besten und schlimmsten Eigenschaften zusammengesetzt war, welche dem Menschen beschieden sein können.

Mit klarem Verstand und vielen glücklichen An=
lagen und Talenten ausgestattet, war er dabei frei=
müthig, aufrichtig und gutmüthig, aber auch zugleich
im höchsten Grade leichtsinnig, zur Schwelgerei ge=
neigt und, wenn sein Hang dazu einmal geweckt ward,
im Stande, demselben Alles zu opfern und selbst die
heiligsten Pflichten nicht blos zu vernachlässigen, son=
dern auch geradezu mit Füßen zu treten.

Hätte er diese großen und schweren Fehler nicht
besessen, so hätte er kaum sich und die Seinigen in
die verhängnißvolle und traurige Lage bringen kön=
nen ,in welcher er sich eben befand.

Wir haben gesehen, daß er bei Schilderung sei=
ner zeitherigen Schicksale den Mangel an Erfolg in
der von ihm gewählten Carrière auf den Umstand
zurückzuführen suchte, daß sein Berufsfach von Aus=
übenden desselben überfüllt sei und daß ihm nicht
ein besonderer Fonds zu Gebote gestanden habe, um,
wie die Kaufleute zu sagen pflegen, etwas in das
Geschäft wenden zu können.

Wer jedoch das Leben und die Verhältnisse
kennt, wird wissen, daß der Mann, der das Seinige
redlich gelernt hat und ernsten Fleiß anwendet, selbst
bei großer Concurrenz und Mittellosigkeit sich in den
meisten Fällen doch seinen Weg bahnt.

Der Grund des gänzlichen Mißerfolgs, von

welchem Hammermeisters Bemühungen, sich als Ju=
rist im Dienste des Publikums eine sichere Existenz
zu gründen, begleitet waren, lag vielmehr darin, daß er die
Aufträge, die man ihm anfangs von mehreren Seiten er=
theilt, sammt und sonders nicht in der pünktlichen und zu=
friedenstellenden Weise erledigt hatte, wie seine an=
gehenden Clienten mit Recht verlangen konnten.

Oft, wenn er beim Glase saß und einen jovia=
len Zechgenossen gefunden hatte, versäumte er die
Abwartung von Terminen oder andere übernommene
Verrichtungen, oder war für Leute, die ihn in seiner
Wohnung aufsuchten, selbst zu den Stunden nicht an=
zutreffen, wo man voraussetzen konnte, daß er zu
sprechen sein würde.

Wohl äußerten die bittern Thränen, womit
Charlotte ihn fast täglich bat, auf dem Wege, der
ihn und die Seinigen unrettbar dem Verderben ent=
gegenführen mußte, umzukehren und sich, so lange
es noch Zeit wäre, in dem schon wankend geworde=
nen Vertrauen, welches er noch genoß, wieder zu
befestigen, dann und wann einige Wirkung.

Diese Wirkung war aber nie eine nachhaltige.

Einige Wochen lang vielleicht lag er seinen Be=
rufsgeschäften mit ziemlich genügender Pünktlichkeit
ob. Sobald er jedoch durch einen eingehenden größeren
Betrag in den Stand gesetzt ward, sich wieder gute

Tage zu machen, verfiel er wieder in seinen alten Lieblingsfehler und gab sich den Freuden des Wirths= hauses hin, unbekümmert, ob Weib und Kind daheim darbten oder ob günstige Gelegenheiten zu lohnendem und einträglichem Erwerb ihm auf immer ent= schlüpften.

Daß die Folgen, so wie sie kamen, kommen mußten, ist leicht einzusehen.'

Nicht länger im Stande, die anständige, gut und bequem ausgestattete Wohnung, welche das junge Ehepaar anfänglich innegehabt, länger zu behaupten, sah es sich genöthigt, diejenigen Gegenstände, welche ihm nicht schon auf Anbringen seiner Gläubiger ab= gepfändet worden, zu verkaufen, sich immer bescheidener und ärmlicher einzurichten und sich endlich in die armselige Umgebung zu finden, in welcher wir Char= lotte und ihr krankes Kind zu Anfang unserer Er= zählung angetroffen haben.

Hammermeister für seine Person suchte sich na= türlich dieser Umgebung, in welcher Charlotte noth= gedrungen ausharren mußte, so oft als möglich zu entziehen. Auch seinen Marsch nach Grünheim hatte er mehr deshalb unternommen, um wenigstens auf ein paar Tage aus der ungesunden, für ihn gleich= sam mit Vorwürfen gefüllten Atmosphäre des Zim= mers hinwegzukommen, in welchem sein Kind zwischen

Leben und Tod schwebte, als weil er mit Sicherheit darauf gerechnet hätte, in dem kleinen, verhältniß= mäßig armen Landstädtchen das zu finden, was er in der großen, reichen, fortwährend Gelegenheit zu lohnendem Erwerb bietenden Provinzialhauptstadt bis jetzt vergebens gesucht.

Nun aber mußte er wieder zurück ins alte Elend, und er schickte sich an, dies unverweilt zu thun, wie= wohl nicht ohne sich unterwegs die Genüsse zu ge= statten, die wir vorhin erwähnt und zu welchen er nun in Folge des so unverhofft erlangten Darlehns die Mittel besaß.

Er nahm daher Abschied von dem alten jovialen Uhrmacher und dessen jungfräulicher Nichte und sprach die bestimmte Erwartung aus, Ersteren an einem der nächstfolgenden Tage bei sich in Waldenburg zu sehen.

„Ich komme ganz gewiß,“ sagte Martin Schüß= ler, indem er seinem neuen Verwandten, der ihm natürlich den Umstand, daß er selbst die Hauptschuld an seiner unglücklichen Lage trug, klüglich verschwiegen, nochmals die Hand zum Abschied drückte; „ich muß doch sehen, ob Bruder Adrian noch lebt und was er macht.“

Und so schied man.

Neuntes Kapitel.

Das Pfarrhaus.

Der Wind wehete scharf und schneidend, als Hammermeister, nachdem ihm der alte Uhrmacher und Justine bis an die Hausthür das Geleit gegeben, um die Ecke des Marktplatzes bog, der jetzt in der rauhen Jahreszeit nicht einmal durch die Staffage barfüßiger Gassenbuben und botanisirender Gänse belebt ward.

Hammermeister's Blut war durch die gemüthliche Temperatur des Zimmers und den genossenen guten Wein so angenehm und nachhaltig erwärmt worden, daß er, der jugendliche, kräftige Mann, die Kälte der Luftströmung anfangs gar nicht fühlte, sondern mit offenstehendem, flatterndem Rock rüstig und flink die einzige Gasse hinausmarschirte, welche unmittelbar in die von weiter her kommende nach Waldenburg führende breite Chaussee einmündete.

Erst als er diese betrat, wo der Schutz der Häuser,

den er bis jetzt genossen, durch den der niedrigen
dünnen Kirschbäume, welche die Straße zu beiden
Seiten einfaßten, nicht erſetzt werden konnte, bemerkte
er, daß die in ihm durch Ofengluth und Rebenſaft
künſtlich erzeugte Hitze allmälig verdampfte, und er
knöpfte, um das Reſiduum derſelben ſo lange als
möglich zu hüten, den kurzen dünnen ſchwarzen Rock
bis dicht unter den Hals hinauf feſt zu.

Dann ſchwang er ſeinen ſtarken wuchtigen Stock und
ſetzte ſeinen Weg mit beſchleunigtem Schritte weiter fort.

Die Landſtraße war ganz einſam und weder vor
noch hinter ſich konnte Hammermeiſter, ſo weit ſein
Auge reichte, irgend ein Fuhrwerk oder auch nur einen
Schubkärrner oder andern Fußwanderer entdecken.

Die Witterung war nicht blos ſtürmiſch, ſondern
auch regnerig, und dieſer Regen hatte in dem gegen=
wärtigen Falle noch das Unangenehme, daß er, ob=
ſchon nicht ſtark, ſondern nur ſein und nebelhaft, in
der Richtung von Waldenburg herkam und folglich
unſerem Wanderer gerade in's Geſicht ſchlug.

Man hätte meinen ſollen, Alles dies zuſammen=
genommen — Wind, Regen, Kälte, Nahrungsſorgen
und Selbſtvorwürfe — hätten Hammermeiſter in eine
der unglücklichſten und gedrückteſten Stimmungen ver=
ſetzen müſſen, welche einem armen Erdenpilger be=
ſchieden ſein können.

Das war aber durchaus nicht der Fall.

Trotz der Ungunst der Jahreszeit und Witterung, trotz der Einöde, durch welche er sich bewegte, und trotzdem, daß er sich abermals in einer letzten Hoff= nung getäuscht gesehen, fühlte Hammermeister sich so heiter und muthig gestimmt, wie er seit langer Zeit nicht gewesen und wie man es bei einem Manne in solchen Verhältnissen überhaupt kaum für möglich gehalten hätte.

Er konnte sogar nicht umhin, dieser gehobenen Stimmung Worte zu leihen. Er that dies auch mit, um sich gewissermaßen selbst Gesellschaft zu leisten. Belauscht oder behorcht zu werden, brauchte er nicht zu fürchten, denn es war weit und breit Niemand zu sehen.

„Ich weiß," lautete sein Monolog, „selbst nicht, wie es kommt, daß ich mich so zuversichtlich und auf= geräumt fühle, trotzdem daß mich meine Schritte wieder heimwärts tragen, wo ich weiter nichts sehen werde, als Charlottens blasses verweintes Gesicht und Lenchens vom Fieber glühende Wangen. Am Ende ist die Kleine gar todt. Das sollte mir leid thun, denn sie ist ein gutes Kind, und oft das Einzige, was mich erheitert, wenn Charlotte mich mit ihren ewigen Klagen fast zur Verzweiflung treibt.

„Indessen," fuhr er, nachdem er eine Weile ge=

schwiegen, weiter fort, „sollte das Kind uns entrissen werden, so müßte ich sagen: Der Herr hat es gegeben, der Herr hat es genommen. Wer weiß, ob es nicht vielleicht gut ist, wenn es der Mutter vorangeht, denn daß diese es bei ihrer schwächlichen Gesundheit nicht viele Jahre mehr treiben wird, ist fast mit Gewißheit vorauszusehen."

Er schwieg wieder eine Weile, denn der Wind ward immer stärker und raubte ihm fast den Athem. Dennoch hob er nach einer Weile wieder an:

„Es war überhaupt thöricht von mir, daß ich mich von Charlottens sanften Taubenaugen bestricken ließ, und mein Verhältniß zu Mathilde löste. Hätte ich mich mit dieser vermählt, so stände ich jetzt anders da und brauchte nicht bei Sturm und Regen die Landstraße zu messen, wie ein Handwerksbursche. Mathildens Vater hätte gewiß alles Mögliche gethan, um mir mit einem angemessenen Fond unter die Arme zu greifen, und das, wenn auch nicht große Vermögen, welches er bei seinem Tode hinterlassen, würde mir ebenfalls trefflich zustatten gekommen sein. Auch paßt die stolze, muthige, imposante Mathilde im Grunde genommen weit besser für mich als die wohl herzensgute, aber schlaffe Charlotte, die auch nicht die mindeste Energie besitzt. Das habe ich zu spät einsehen gelernt."

Er warf, indem er diese letzten Worte sprach,
einen Blick vor sich in die Ferne.

Jenseits des kleinen Wäldchens, an welchem die
Chaussee jetzt vorüberführte, ragte in einer Entfernung
von etwa einer halben Stunde ein stattliches Gehöfte
empor, welches aus vier ein rechtseitiges Quadrat
bildenden Gebäuden bestand.

Es war dies die Poststation, in welcher Ham=
mermeister, wie wir wissen, gut und reichlich zu
Mittag zu speisen und dann mit der nächsten vor=
beikommenden Post die weitere Rückreise nach Wal=
denburg, besser gegen Wind und Wetter geschützt
und ohne die Füße noch ferner zu ermüden, zu ma=
chen gedachte.

Dieser Anblick schien seine Stimmung, welche
während des letzten Theils seines Monologs ein
wenig gesunken war, wieder zu heben und er sagte:

„Doch, was einmal nicht zu ändern ist, ist nicht
zu ändern. Dieser wackere Uhrmacher und seine
eben so wackere Nichte haben mich in den Stand ge=
setzt, wenigstens einige Tage wieder behaglich zu le=
ben, und übrigens ist es mir, als ob eine innere
Stimme mir sagte, daß ich an einem Wendepunkt
meines Lebens stehe, daß die Hungerleiderei bald ein
Ende nehmen werde und daß die Silberthaler, die
so lustig in meiner Tasche klimpern, nur die ersten

vorläufigen Tropfen des Wolkenbruches von Reich=
thum sind, der sich urplötzlich über meinem Haupte
entladen wird. Darum

> Muth gefaßt, wir werden siegen,
> Alle Klippen überfliegen
> Und das schöne Ziel erreichen,
> Wo —"

Hier stockte Hammermeister plötzlich. Er hatte
im Uebermaße seiner Zuversicht diese einem alten,
sonst sehr beliebten Clavierlied entlehnten Worte mit
lauter Stimme zu singen angefangen, hielt aber bei
der letzten Zeile, welche bekanntlich lautet:

> „Wo wir einst uns alle gleichen"

inne, denn er bedachte unwillkührlich, daß dieses Ziel
nicht gerade das war, worauf er es zunächst abge=
sehen hatte.

Er war mittlerweile an der Ecke des Wäldchens
angelangt und hätte nun bis zur Poststation nicht
viel über eine Stunde mehr zu gehen gehabt.

Er bemerkte, daß hier ein ziemlich gut gebauter
Fahr= und Communicationsweg von der großen
Chaussee ab und am Saume des Wäldchens hin
nach einem Dorfe führte, dessen alterthümlich ge=
bauten Thurm man durch den nebelhaften Regen
hindurch sah und welches daher kaum eine halbe
Stunde entfernt sein konnte.

Neugierig, zu wissen, wie dieses Dorf heiße,

näherte Hammermeister sich dem am Anfange des dahinführenden Weges errichteten Wegweiser und las auf dem einzigen ausgestreckten Arm desselben die Worte:

„Weg nach Bleichfurt, ½ St."

„Bleichfurt, Bleichfurt," wiederholte der Wanderer mehrmals und blieb, um sich besser besinnen zu können, das Kinn auf den Knopf seines wuchtigen Stockes stützend, stehen. „Diesen Namen habe ich erst kürzlich gehört oder gelesen und weiß, daß für mich sich noch etwas Besonderes daran knüpft. Wer aber sagt mir in diesem Augenblick, was es ist?"

Plötzlich schien dem Grübelnden ein Licht aufzugehen und er rief:

„Richtig, jetzt weiß ich's! In Bleichfurt wohnt jetzt mein alter Freund Karl Angermann, der, wie ich in der Zeitung gelesen, vor einigen Monaten dort Pastor geworden ist. Wie würde der sich freuen, wenn er mich sähe!"

Heinrich Hammermeister war, wie er schon mehrfach bewiesen, ein Mensch des augenblicklichen Impulses und trug nie Bedenken, demselben, dasern es ihm nur einigermaßen möglich war, zu folgen.

Auch jetzt überlegte er schnell, daß er zu dem Elend daheim immer noch Zeit genug zurückkäme, und daß er es sich später ganz gewiß selbst nicht verzeihen würde, wenn er diese Gelegenheit, einen alten Freund, in dessen Nähe der Zufall ihn einmal geführt, mit wenig Mühe und ohne alle Kosten zu besuchen, unbenutzt ließe.

Das gute Diner in der Poſtreſtauration und die bequeme Wagenfahrt nach Waldenburg waren ihm gewiß genug, wenn er von Bleichfurt zurückkam, wo er ſich natürlich je nach Umſtänden vielleicht einige Stunden, höchſtens aber einen Tag aufzuhalten ge= dachte.

Er konnte ja nicht wiſſen, welchen Empfang er finden würde. Daß derſelbe von Seiten ſeines Freun= des ein guter und herzlicher ſein werde, daran zwei= felte er nicht im mindeſten. Dieſer Freund war aber — dies hatte Hammermeiſter vor etwa zwei Jahren auch aus der Zeitung erfahren — verhei= rathet und es iſt eine alte Erfahrung, daß ehemalige Commilitonen und andere Freunde aus der Periode des fröhlichen, freien, friſchen, aber nicht allemal frommen Studenten= oder überhaupt Junggeſellen= lebens ſpäter von den Gattinnen ihrer Freunde nicht allemal gern geſehen ſind.

Fürchten dieſe Frauen vielleicht, daß bei ſolchen Gelegenheiten die Herren ſich wechſelſeitig wieder an allerhand luſtige Geſchichtchen erinnern, wovon ſie ihnen, den Frauen nämlich, natürlich nie ein Sterbens=

wörtchen erzählt haben? Oder daß sie einer dem andern das Herz ausschütten und zwischen ihrem damaligen und ihrem jetzigen Leben Vergleiche anstellen, die nicht zu Gunsten des Ehestands lauten? Möglich, daß dem so ist; genau wissen wir's nicht.

Auch in Hammermeister mochten dergleichen Bedenken aufsteigen, denn Freund Angermann war, obwohl Theolog, doch eins der fidelsten „Häuser" gewesen.

Man sagt, daß dies bei Studenten der Theologie fast in der Regel der Fall sei.

Die Sache geht auch ganz natürlich zu.

Der sich der Gottesgelahrtheit widmende Jüngling weiß, daß, wenn er einmal in Amt und Würden ist, dann ihm mancherlei Lebensgenüsse versagt sind, in welchen Juristen, Mediziner und jene buntscheckige Heerde, welche sich in dem umfangreichen Stalle der philosophischen Facultät durch einander tummelt, ohne ihrem Renommée als Leute ihres Faches zu schaden, wenn die Umstände es sonst erlauben, ungehindert schwelgen dürfen.

Keinem Menschen fällt es ein, von einem Mediziner zu verlangen, daß er selbst der Gesundheit gemäß lebe, oder von einem Juristen, daß er sich keiner Gesetzübertretung schuldig mache, und weiß man auch,

8*

daß sie in dieser Hinsicht fehlen oder gefehlt haben
so würde man doch geradezu für unvernünftig erklärt
werden, wenn man behaupten wollte, daß sie sich
dadurch zur Ausübung ihres Berufs unfähig machten.
Nur der arme Theolog soll nicht blos durch
sein frommes beredtes Wort, sondern auch durch sein
gutes Beispiel wirken. Er soll die Lehre, die er
Andern giebt, auch selbst beobachten, durch sein Vor=
bild bekräftigen, und · dadurch desto eindringlicher
machen.

Kein Wunder daher, daß er, so lange er noch
athmet im rosigen Licht der Freiheit, sich diese zu
Nutzen zu machen sucht, um dann später, wenn er
in den Kerker der Dienstpflicht und Entsagung ge=
bannt ist, wenigstens in der Erinnerung schwelgen
zu können.

Ob auch Karl Angermann, der jetzt, nachdem er
bereits einige Jahre anderwärts gewirkt, wohlbe=
stallter Seelenhirt in Bleichfurt war, derselben Maxime
gehuldigt hatte, brauchen wir hier nicht näher zu
untersuchen, sondern können ruhig abwarten, ob uns
der weitere Verlauf unserer Geschichte darüber einigen
Aufschluß geben werde.

„Vielleicht ist sogar ein Besuch bei Angermann
mit Ersparnissen. für mich verbunden," dachte Ham=
mermeister. „Wenn seine Frau, die ich noch nicht

die Ehre habe, zu kennen, ein schiefes Gesicht macht,
so kann ich mich ja bald wieder drücken. Es kom=
men, wenn ich nicht irre, bis zum Abend noch zwei=
mal Posten hier vorbei und kehre ich nicht mit der
ersten nach Walbenburg zurück, so geschieht es viel=
leicht mit der zweiten."

Mit diesen Worten drehte der Sprechende sich
entschieden nach der Richtung herum, welche der
Wegweiser andeutete, und setzte hinzu:

„Jedenfalls erspare ich das Geld, welches ich für
ein gutes Mittagsmahl auszugeben gedachte; denn
mag die Aufnahme, die ich dort finde, noch so schä=
big sein, so wird man mich doch keinesfalls wieder
fortlassen, ohne mich vorher gut bewirthet zu haben.
Also vorwärts!"

Und Hammermeister schritt nun rüstig dem Wald=
saum entlang und erreichte in der von dem Weg=
weiser einmal ausnahmsweise richtig angegebenen
Zeit das betreffende Dorf.

Die Stunden, nach welchen auf derartigen von
Landgemeinden errichteten geographischen Belehrungs=
apparaten die Entfernungen angegeben werden, sind
gewöhnlich solche, welche, nach der sprichwörtlichen
Redensart, der Fuchs gemessen und wobei er den
Schwanz zugegeben hat.

Das Pfarrhaus fand Hammermeister in dem

kleinen Dorfe natürlich ohne alle Mühe und ward
von seinem Freund ganz in der herzlichen Weise
begrüßt, wie er es im Hinblick auf ihre frühere in-
time Freundschaft gehofft hatte.

Auch die junge Frau Pastorin schien keineswegs
zu der Gattung der Ehefrauen zu gehören, von welchen wir oben gesprochen und die solche Besuche mit
scheelen Augen betrachten.

„Meine Louise," sagte Angermann, als seine
Frau sich nach den ersten Begrüßungen aus dem
Zimmer entfernte, um das wegen Bewirthung des
unvermutheten Gastes Nöthige zu besorgen, wodurch
Hammermeister Gelegenheit erhielt, seinen Befürchtungen in dieser Beziehung gegen seinen Freund einige flüchtige Worte zu leihen, „meine Louise ist ein
gutes harmloses Geschöpf, welches nichts Arges
denkt. Natürlich wirst Du, lieber Heinrich, wenn
sie wieder hereinkommt, in Deinen etwaigen Reminiscenzen aus der Vergangenheit mit der gehörigen
Discretion zu Werke gehen und Dinge, von welchen
Du, der Jurist, wohl sprechen kannst, die ich aber
als Hirt nicht blos meiner eigenen, sondern auch
fremder Seelen mir durchaus nicht nachsagen lassen
darf, hübsch unerwähnt lassen."

„Das brauchst Du mir nicht erst zu sagen,"
entgegnete Hammermeister in einem Tone, als ob er

sich fast verletzt fühlte. „So viel Grütze habe ich, Gott sei Dank, selbst noch."

„Na, dann nimm mir meine Ermahnung nur nicht übel," fuhr der gutmüthige junge Geistliche fort. „Vorsicht kann nichts schaden und ich möchte meine Louise, die wirklich das allerbeste kleine Wesen ist, welches es auf der ganzen Welt geben kann, um keinen Preis betrüben."

Er schwieg einige Augenblicke und fuhr dann, um dem Gespräch eine andere Wendung zu geben, fort:

„Wie geht es Dir denn? Nach Deinem körper= lichen Wohlbefinden brauche ich kaum zu fragen, denn Du siehst sehr munter und wohl aus, und wer übrigens bei diesem rauhen, naßkalten Wetter so leicht gekleidet wie Du solche weite Fußtouren unter= nehmen kann, den muß der Himmel mit einer bären= haften Gesundheit begnadet haben."

War Hammermeister schon gegen den alten Uhr= macher und dessen Nichte, die ihm doch anfänglich stockfremd waren, in Bezug auf seine häuslichen und sonstigen Verhältnisse offen und unverhohlen mit der Sprache herausgegangen, so that er dies gegen einen alten Freund und Duzbruder noch viel rückhaltloser.

Pastor Angermann sah sich demgemäß in ver= hältnißmäßig kurzer Zeit von der gegenwärtigen so

höchst beklagenswerthen Lage des jungen Advokaten
ausführlich unterrichtet.

Als sein Freund zu Ende gesprochen, sagte er:

„Du thust mir leid, Heinrich, aber zugleich kann
ich Dir nicht bergen, daß Du, wie mir scheint, einen
großen Theil Deiner Mißerfolge Dir hauptsächlich
selbst zuzuschreiben hast."

„Wie so?" fragte Hammermeister und schien
fast Lust zu haben, wieder den Beleidigten zu spielen.

Der junge Geistliche legte lächelnd die Hand
auf die Schulter seines Freundes und sagte:

„Ereifre Dich nicht, Heinrich! Wir kennen einander, ich Dich eben so gut wie Du mich. Ich weiß
von früher her, daß Du Alles, wie man zu sagen
pflegt, auf die leichte Achsel nimmst und schon das,
was Du mir soeben über Dein Verhältniß zu den
zwei Schwestern, von welchen die eine jetzt Deine
Gattin ist, mitgetheilt hast, beweist, daß von Bestän-
digkeit und festen Vorsätzen bei Dir jetzt noch eben
so wenig die Rede ist, als dies früher der Fall war."

„Du urtheilst sehr streng über mich," sagte
Hammermeister, die Stirn runzelnd. „Von Dir als
altem Freunde hätte ich solche Vorwürfe nicht erwartet. Du solltest doch bedenken, daß Du —"

„Daß ich früher selbst nicht der beste Bruder
gewesen bin, willst Du sagen," ergänzte der jugend-

liche Pastor, da Hammermeister nicht ausreden zu
wollen schien. „Da hast Du auch ganz Recht," fuhr
er, als sein Freund durch sein Schweigen die aus=
gesprochene Vermuthung bestätigte, fort. „Niemand
weiß besser wie Du, wie toll ich zuweilen als Student
in's Zeug hinein gewirthschaftet habe, und es kann
mir, besonders Dir gegenüber, nicht beikommen, dies
leugnen zu wollen. Dieses Leben aber liegt nun
schon seit Jahren hinter mir und ich kann mir wohl
erlauben, einen bekannten Ausspruch des Apostels
Paulus in ehrerbietiger Weise zu parodiren, indem
ich sage: Als ich Student war, da redete ich wie ein
Student und hatte studentische Anschläge, als ich
aber Pastor ward, da that ich ab, was studentisch
war."

Zehntes Kapitel.
Bittere Vergleiche.

„Du predigst wunderschön!" sagte Heinrich Hammermeister in spöttischem Tone. „Wohl Dir, daß Du Dir selbst ein so glänzendes Zeugniß aus= stellen und mit so tugendhaftem Stolze auf mich her= abblicken kannst. Ich kann das nicht; ich bin zu aufrichtig dazu."

Angermann hätte diese letzte Bemerkung, welche ihn indirekt der Heuchelei beschuldigte, mit Recht übelnehmen können. Er hatte jedoch in Ausübung seines Amts schon gelernt, Geduld mit den Verirr= ten zu haben, und sagte daher mit ruhigem Tone:

„Du glaubst mir nicht und ich kann Dir dies, der Du mich blos in meiner früheren Gestalt ge= kannt hast und in meiner neuen jetzt zum ersten Male siehst, auch nicht verdenken; wenn Du aber Gelegenheit hättest, mich in meinem häuslichen und amtlichen Wirken längere Zeit zu beobachten, so

würdeſt Du finden, daß ich nicht zu viel geſagt
habe."

„Dieſe Gelegenheit wird mir leider nicht ver=
gönnt ſein," entgegnete Hammermeiſter. „Ich habe
Dir ſchon geſagt, daß ich nur durch den Zufall ver=
anlaßt worden bin, Dir en passant einen Beſuch
zu machen, und daß ich mich, nachdem ich mich von
Deinem Wohlbefinden überzeugt, ſofort wieder auf
den Weg machen werde, um, wenn nicht mit der
erſten, doch mit der zweiten Nachmittagspoſt, nach
Walbenburg zurück zu gelangen."

Hammermeiſter fühlte wohl, daß er ſich durch
dieſe Worte eines Verſtoßes gegen die Geſetze nicht
blos der Freundſchaft im Beſondern, ſondern auch
der Höflichkeit im Allgemeinen ſchuldig machte.

Er war aber einmal ärgerlich und bereuete ſchon
faſt, dieſen Abſtecher gemacht zu haben, denn ſtatt
einen alten fidelen Commilitonen, mit welchem er im
Geiſte die fröhlichen Jahre der Vergangenheit noch
einmal durchleben könnte, zu finden, traf er einen
ſtreng moraliſchen, geſetzten Mann, der ſich jener Ver=
gangenheit in mehr als einer Beziehung ſchämte und
deshalb ſo wenig als möglich davon zu hören wünſchte.

Angermann that es, nachdem er ſich in der ange=
gebenen Weiſe ausgeſprochen und als er die finſtre,
enttäuſchte Miene ſeines ehemaligen Intimus ſah,

gewissermaßen leid, nicht noch schonender gegen ihn gewesen zu sein. Er wünschte das Unrecht, welches er sonach begangen zu haben glaubte, wieder gut zu machen und sagte daher in begütigendem Tone:

„Nein, so schnell darfst Du mir nicht wieder fort, alter Freund. Von heute Wiederfortgehen kann gleich gar keine Rede sein. Das würde meine Frau schön übel nehmen. Morgen ist Sonnabend, wo Du ohne= hin nicht anfangen wirst, zu arbeiten, wenn Du auch zu Hause wärest, und dann kommt der Sonntag, wo Du mir doch hoffentlich die Ehre anthun wirst, mich predigen zu hören.“

„Aber mußt Du da nicht morgen Deine Predigt ausarbeiten und memoriren?“ fragte Hammermeister. „Werde ich Dir da nicht im Wege sein?“

„Durchaus nicht,“ entgegnete der junge Pastor. „Ausgearbeitet ist meine Predigt bereits und das Memoriren, was mir, wie Du selbst von früher her weißt, sehr leicht wird, lasse ich allemal bis Sonntag Morgen unmittelbar vor der Kirche.“

„Dann hast Du also morgen frei?“

„Jawohl. Mein Amt läßt mir hier überhaupt sehr viel freie Zeit und ich segne daher den Zufall, der Dich, wie Du vorhin auf für mich so schmeichel= hafte Weise bemerktest, hierhergeführt hat, denn es

kommt dadurch einmal ein wenig Abwechselung in
unser hier ein wenig einsames Leben."

In diesem Augenblick öffnete sich die Thür und
die jugendliche Frau Pastorin trat, nachdem sie mit
ihren Anordnungen draußen fertig war, wieder ein.
Ihr Gatte theilte ihr mit, daß sein Freund die
Absicht ausgesprochen, sie sobald schon wieder zu ver=
lassen, und sie vereinte sofort ihre Bitten mit den
seinen, um Hammermeister zum Bleiben bis wenigstens
Sonntag Nachmittag zu bewegen.

Louise war eine kleine zarte Blondine .mit fein
gerötheten gewinnenden Zügen und ihre blauen
Taubenaugen äußerten, wenn sie sonst wollte, eine
Wirkung, welcher nicht so leicht Jemand zu wider=
stehen vermochte.

Hammermeister.war, wie sich von einem Manne
seines Charakters von selbst versteht, für die Wirkung
weiblicher Reize ungemein empfänglich, und so ge=
neigt er auch vorher gewesen war, seinen Besuch in
diesem Hause so viel als möglich abzukürzen, so be=
durfte es doch seiten Louisens nur weniger, von
einem innig bittenden Blick begleiteten Worte, um
ihn diesen vereinten Wünschen fügsam zu machen.

„Nun gut," sagte er, „wenn ich nicht störe
oder lästig falle, so will ich bleiben bis Sonntag
Nachmittag."

„So ist's recht, alter Freund," sagte Angermann. „Wenn das Wetter, wie ich hoffe, morgen besser ist, so machen wir gleich nach Tische einen kleinen Aus= flug nach der nicht weit von hier gelegenen alten Burgruine, von welcher Du gehört haben wirst, und wenn Louise sich mit ihrer Hauswirthschaft schicken kann, so begleitet sie uns vielleicht."

„Ich glaube kaum, daß es mir möglich sein wird, dieses Vergnügen der Herren zu theilen," sagte Louise. „Der Sonnabend ist für die Hausfrau in der Regel der beschäftigungsreichste Tag der ganzen Woche."

„Nun gut denn, so bleibe zu Hause, mein Kind," entgegnete Angermann. „Wir werden dann die Partie allein machen."

„Und von derselben um so eher zurückkehren, um recht bald wieder bei Ihnen zu sein," setzte Hammermeister mit einer galanten Verbeugung gegen die schöne junge Frau hinzu.

Diese dankte mit ihrem freundlichen Lächeln für das Kompliment und wußte dann mit der, ge= bildeten Frauen vorzugsweise eigenthümlichen Kunst das Gespräch in so interessante Bahnen zu leiten und ihrem Gast so fortwährend Gelegenheit zu geben, sein eigenes, ebenfalls nicht gewöhnliches Conversations=

talent zu Geltung zu bringen, daß er sich, ehe eine
Stunde verging, anstatt sich noch fortzuwünschen,
vielmehr wie in einen Zauberkreis gebannt fühlte
und voraussah, daß es ihm große Ueberwindung
kosten würde, sich aus demselben zu reißen.
Das Mahl, zu welchem man sich nach einiger
Zeit niedersetzte, war einfach, aber trefflich zubereitet.

Ehe man noch davon aufstand, ging der kurze
Februartag zur Rüste und man blieb in der traulichen
Dämmerung unter amüsantem, heiterem Geplauder
sitzen, bis es völlig dunkel geworden war und man
Licht anzünden mußte.

„Nun, Louischen,“ sagte Angermann zu seinem
kleinen blonden Weibchen, „wirst Du so gut sein,
Dich unserem Gast von der musikalischen Seite zu
präsentiren. Er ist Kenner und Du wirst daher
wohlthun, Dich möglichst zusammenzuraffen, damit
Du vor ihm mit Ehren bestehst.“

Indem Angermann dies sagte, erhob er sich von
seinem Stuhle, ging an den in der einen Ecke des
geräumigen Zimmers stehenden Flügel, öffnete den=
selben und zog den daruntergeschobenen Sessel her=
vor, um somit alle materiellen Vorbereitungen zu der
von ihm gewünschten Production getroffen zu haben.

Louise wußte die so schwierige Mitte zwischen

übertriebener Zurückhaltung und dreister Selbstüber=
schätzung richtig innezuhalten.

Ohne sich lange zu zieren und bitten zu lassen,
aber auch ohne die ihr gebotene Gelegenheit, zu
brilliren, mit gieriger Hast zu ergreifen, nahm sie
mit ruhiger Bescheidenheit den ihr von ihrem Gatten
bereiteten Platz ein.

Sie spielte und sang. Den Namen einer
Virtuosin hätte man ihr weder in Bezug auf die eine,
noch hinsichtlich der andern Leistung beilegen können,
aber dennoch gewährte das, was sie ihren Zuhörern
bot, einen höhern Genuß, als welchen manche welt=
berühmte Künstlerin ihrem Auditorium zu gewähren
vermag.

Eben so rein, sauber und schulgerecht, wie ihr
Spiel, war auch ihr Gesang und beides dabei von
einer Innigkeit und Wärme der Empfindung durch=
haucht, die nur in der Individualität der oder des
Vortragenden ihren Grund haben, aber weder durch
das Regelwerk irgend welcher Schulen gelehrt, oder
sonst wie von außen hineingetragen werden kann.

Angermann stand unmittelbar hinter Louise, um
ihr die Blätter des Notenheftes umzuwenden, und
Hammermeister bemerkte bei der hellen Beleuchtung,
die auf die Beiden fiel, unwillkührlich den Contrast,
den ihre äußere Erscheinung gegenseitig darbot.

Angermann war groß und stark, mit schwarzem
Haar und Backenbart, bräunlicher Hautfarbe und
stark und scharf ausgeprägten Zügen, während Louise,
wie schon erwähnt worden, klein, blond und zart
war.

Hammermeister verglich, nachdem er so die äußere
Erscheinung der Beiden gemustert, dieses Bild eines
stillen häuslichen Glücks und wie es schien, vollstän=
diger Uebereinstimmung der Denkungsweise und der
Geschmacksrichtungen mit seiner Lage.

Hier sah er zwei Gatten, die nur eins für das
andere lebten und trotz ihrer Abgeschiedenheit von
der Störung des Weltverkehrs diese durchaus nicht
zu vermissen schienen.

Sie waren einander offenbar selbst genug und be=
saßen auch Beide den geistigen Fond, welcher unbe=
dingt vorhanden sein muß, wenn ein so einsames
Zusammenleben nicht sehr bald den Ausdruck eines
ermüdenden Einerlei, tödtlicher Langweile und star=
rer Gleichgültigkeit gewinnen soll.

Was die Frau des jungen Geistlichen in musi=
kalischer Beziehung leistete, ist bereits erwähnt wor=
den. Aus den Aeußerungen, die sie in den Zwischen=
pausen ihrer Vorträge mit ihrem Gatten und ihrem
Gast wechselte, ging hervor, daß sie auch im Allge=
meinen eine gründliche Bildung und namentlich eine

umfassende Belesenheit besaß, von der sie fort=
während durch sehr treffend gewählte Citate aus den
Werken der namhaftesten Schriftsteller schlagende Be=
weise gab.

Daß sie auch als praktische Hausfrau ganz an
ihrem Platze sein mußte, dies lehrte die Ordnung
und Sauberkeit, die überall in diesen Räumen
herrschte, und dies hatte Hammermeister auch nament=
lich mit großer Befriedigung an dem trefflichen
Mahl wahrgenommen, mit welchem er bewirthet worden.

Es schien mit einem Worte dieses häusliche
und eheliche Glück im stillen Pfarrhause so vollstän=
dig zu sein, wie ein irdisches Glück überhaupt sein
kann, und nur die eine Schattenseite zu haben, daß
es sich zur Zeit noch blos auf die beiden Gatten
erstreckte, weil ihre Ehe bis jetzt kinderlos geblieben
war.

Und wie nahm dagegen Hammermeisters Lage
sich aus?

Abgesehen von der materiellen Armuth, die in
dem Hauswesen des armen Notars herrschte und
demselben das Gepräge der oft äußersten Entbehrung
aufdrückte, mußte er sich auch sagen, daß Charlotte
selbst in finanziell glücklichen Verhältnissen ihm nie=
mals das hätte sein können, was Louise seinem
Freunde war.

Ganz gewiß stand sie dieser an Sanftmuth des Charakters und sich nie verleugnender Gutmüthigkeit nicht nach, wohl aber an Bildung, Anmuth und den übrigen Eigenschaften, welche eine Frau besitzen muß, wenn sie das Herz ihres Gatten auf die Dauer fesseln soll.

Lieblingskind ihrer Mutter, war sie von Kindheit an viel zu wenig zur Ausbildung ihrer, von Natur nicht übeln Anlagen angehalten worden, und nur ihrem grundguten, durch nichts zu verderbenden Her= zen hatte sie es zu danken, daß diese schlaffe, allzu nachläffige Erziehung seitens ihrer Mutter nicht auch in Bezug auf ihren Charakter nachtheilige Folgen hinterlassen hatte.

Nach dem Tode ihrer Mutter sah sie sich der Willkür ihres Vaters und ihrer ältern Schwester preisgegeben, welche beide vereint ihr und ihrer Mutter von jeher mit mehr oder weniger maskirter Feindseligkeit gegenüber gestanden hatten.

Glücklich pries sie sich daher, als Hammermeister, den sie schon längst im Stillen geliebt, endlich sein Augenmerk auf sie richtete und sie so liebenswürdig finden lernte, daß er sein Verhältniß zu der ältern Schwester löste, um sein Herz und seine Hand der jüngern anzutragen.

Diese glaubte, indem sie beides annahm, nicht

9*

ein Unrecht zu begehen. Sie wußte, daß Mathilde früher auch schon in einem Liebesverhältniß zu einem andern Manne, einem jungen Techniker, gestanden, dem sie später aus demselben Grunde entsagt hatte, aus welchem jetzt Heinrich Hammermeister ihr untreu ward, nämlich einfach deshalb, weil der neue Gegenstand ihrer Neigungen und Wünsche ihr besser gefiel, als der alte.

Mathilde — so dachte ihre jüngere Schwester — konnte es daher gewissermaßen nur als eine sie mit Recht treffende Vergeltung betrachten, wenn ihr dasselbe Schicksal bereitet ward, welches sie so unbedenklich über einen Andern verhängt.

Natürlich schmerzte es Charlotten unendlich, so zu sagen das Werkzeug dieser Vergeltung an der eigenen Schwester zu sein, doch tröstete sie sich mit dem Gedanken, daß Mathilde, die wohl glühender Leidenschaft, aber keiner echten, wahren, nachhaltigen Liebe fähig war, bald wieder Ersatz für den Verlust, den sie jetzt erleiden mußte, suchen und finden würde.

Der Vater der beiden Schwestern erklärte der jüngeren rund heraus, daß er sie, wenn sie Heinrich Hammermeister heirathete, nicht mehr als seine Tochter betrachten und ihr auch das Wenige, was sie außerdem einmal nach seinem Tode zu hoffen gehabt hätte, durch Enterbung entziehen würde.

Ihre Mutter, die ihrem Gatten kein Vermögen
zugebracht, hatte ihr ebenfalls nichts hinterlassen und
als sie nun jetzt, dem Willen des Vaters zum Trotz
und nur den Trieben ihres schwärmerischen Herzens
folgend, sich mit Hammermeister vermählte, sahen
die jungen Eheleute in Bezug auf ihre Subsistenz
sich lediglich auf das angewiesen, was der angehende
Notar als solcher zu verdienen hoffte.

Wir wissen schon, wie diese Hoffnung fast total
fehlschlug, und ebenso ist uns auch bekannt, daß nicht
nur dieses Fehlschlagen seinen Erklärungsgrund in
Hammermeisters Leichtsinn und Hang zur Schwelgerei
fand, sondern daß derselbe Uebelstand auch die ganze
Zukunft der unglücklichen kleinen Familie in der
düstersten Färbung erscheinen ließ.

Hierbei aber dürfen wir, wenn wir gerecht sein
wollen, nicht verschweigen, daß auch Charlotte ihren
neuen Pflichten nicht so genügte, wie man von einer
jungen Frau, welcher es um das Wohl ihres Hauswesens redlich Ernst ist, erwarten kann und erwarten
muß.

Ihre treue Liebe und unverbrüchliche Anhänglichkeit an ihren Gatten war über alles Lob erhaben,
aber eben diese Liebe und Anhänglichkeit war in
Verbindung mit ihrem in anderer Beziehung sehr
schwachen Herzen der Grund, weshalb sie Hammer-

meister's für ihn und die Seinigen so verderblichem
Thun und Treiben weder mit Ermahnungen, noch
mit Bitten genugsam entgegentrat.

Wenn er nicht zugegen war, wenn sie mit ihren
Kindern oft darbend und frierend allein in ihrer sich
immer dürftiger gestaltenden Wohnung saß und keinen
Hoffnungsstrahl die Nacht ihres Elends durchbrechen
sah, da ließ sie wohl ihren Thränen freien Lauf und
gab sich dem Jammer hin, der an ihrem Herzen
nagte und ihre ohnehin nicht starke Gesundheit
untergrub, was natürlich auch die nachtheiligsten
Folgen für das Leben und Wohlbefinden ihrer Kinder
haben mußte.

Sobald aber ihr Gatte zur Thür hereintrat, unter=
drückte sie ihre Thränen, zeigte ihm eine möglichst
heitere Miene und brachte auf diese Weise die Stimme
des Gewissens, die sich dann und wann doch vor=
wurfsvoll in ihm erhob, wieder zum Schweigen.

Hierzu kam, daß sie die geringen Mittel, die er
ihr zur Führung ihres Hauswesens gewähren konnte,
nicht im mindesten einzutheilen und richtig zu ver=
wenden wußte und daher sich und ihre Kinder schon
nach kurzer Frist dem äußersten Mangel preisgegeben
sah, während sie bei Umsicht und Sparsamkeit damit
weit länger hätte ausreichen können.

So war dieses junge Ehepaar durch eigenes —

obſchon hauptſächlich des Mannes — Verſchulden in
die beklagenswerthen Umſtände gerathen, welche
Hammermeiſter jetzt in Gedanken die Muſterung
paſſiren ließ, während er ſie zugleich mit dem glück=
lichen, beneidenswerthen Looſe der Ehegatten ver=
glich, deren Gaſt er jetzt war.

Elftes Kapitel.

Der Räuber.

„Nun, lieber Heinrich," sagte Angermann, als Louise ihm durch einen Blick zu verstehen gab, daß sie ihren Platz am Piano zu verlassen wünschte; „nun hat meine Frau Dir so ziemlich alle ihre Paradepferde vorgeritten. Du spieltest und sangest sonst auch nicht übel. Hoffentlich hast Du beides noch nicht ganz verlernt und wirst, wenn Dir Louisens Productionen nicht ganz mißfallen haben, ihr Deine Anerkennung dadurch beweisen, daß Du ihr nun auch einige von Deinen Künsten zeigst."

Hammermeister besaß in der That viel musikalisches Talent. Schon als Knabe hatte er durch sein ungemein fertiges Clavierspiel seine Zuhörer in Erstaunen gesetzt und späterhin durch seine herrliche Tenorstimme die Zierde des studentischen Gesangvereins ausgemacht, welcher ihn zu seinen hervorragendsten Mitgliedern zählte.

Jetzt freilich hatte er schon seit längerer Zeit
mit der Muse des Gesanges, welche bekanntlich nicht
blos die Bösen, sondern auch die Armen von der
Gattung, zu welcher Hammermeister gehörte, flieht,
fast gar keinen Umgang gepflogen, und er erklärte
dies auch, während er sich erhob, um der Auffor=
derung seines Freundes Folge zu leisten.

„Mache nur keine langen Entschuldigungen,"
sagte der junge Landgeistliche. „Du thust, als könn=
test Du nichts mehr, ich bin aber überzeugt, Du be=
sitzest von Deinem früheren musikalischen Reichthum
noch so viel, daß ich für meine Person sehr froh
wäre, das zu haben, was Du vielleicht als einen
fast werthlosen Rest betrachtest."

Hammermeister setzte sich an das Instrument
und spielte und sang, trotzdem daß er so lange aus
der Uebung war, auf eine Weise, welche selbst die
Kritik eines strengen Sachkenners nicht zu scheuen
gehabt hätte.

Louise war davon ganz überrascht und bezau=
bert. Sie suchte sofort aus ihrem Musikalienschatze
einige Duetten hervor und bat den Freund ihres
Gatten, dieselben mit ihr gemeinschaftlich zu executiren.

Wenn es für sie an Angermann irgend eine
Schattenseite gab, so war es die, daß weder Poly=
hymnia, noch Kalliope an seiner Wiege gestanden

hatten, und daß er, obschon ein großer Freund und
Verehrer der Musik und obgleich er es an Fleiß und
Uebung nicht hatte fehlen laſſen, doch bei dem Man=
gel an natürlicher Anlage in ſolchem Grade ſelbſt
hinter den billigſten Anforderungen zurückgeblieben
war, daß er ſchon ſeit langer Zeit vermied, ſich ſelbſt
oder Andere damit zu martern.

Deshalb benutzte Louiſe die ſich ihr jetzt dar=
bietende Gelegenheit, um wieder einmal Compoſitionen
zu Gehör zu bringen, zu welchen es eines ſolchen
Mitwirkenden beburfte, wie ſie ihn jetzt in ihrem
Gaſte fand.

Der Abend verging auf dieſe Weiſe weit heiterer
und angenehmer, als Hammermeiſter in der erſten
Stunde nach ſeiner Ankunft gehofft hatte.

Die nähere Berührung, in welche er mit Louiſe
durch den Vortrag der Duetten gekommen, machte
den Zauber, den ſie ſchon vorher durch ihre Er=
ſcheinung und ihr ganzes Weſen auf ihn ausgeübt,
vollſtändig.

Er fühlte, daß es ihm große Mühe und Ueber=
windung koſten würde, ſich dem Kreiſe, innerhalb
deſſen dieſer Zauber ſich geltend machte, wieder zu
entreißen.

Er wußte jedoch, daß dieſe Nothwendigkeit un=
abwendbar und zwar in verhältnißmäßig ſchon kurzer

Zeit eintreten würde. Er suchte sich daher im Voraus wenigstens einigermaßen dadurch zu entschädigen, daß er sich diesem neuen Gefühl in seinem Innern rück= haltlos hingab, und, als man später wieder im trau= lichen Gespräch am Tische Platz genommen, in Louisens Blicken schwelgte und den süßen Worten ihres Rosenmundes lauschte.

Wohl tauchte später, als sein Freund ihn in das kleine, aber bequeme Gastzimmer gebracht, und er sich hier in die weichen Wogen des blüthenweißen Betts warf, das Bild einer bleichen jungen Frau vor ihm auf, welche mit abgehärmten hohlen Wan= gen an dem dürftigen Lager ihres kranken Kindes saß und mit angstvollem Blick auf jedes Symptom lauschte, welches eine Aenderung zum Bessern oder Schlimmern in dem Zustande der Kranken verkündete.

Eben so dachte er daran, daß sie in diesem Au= genblicke sehnsüchtig seiner Rückkehr harrte, und daß er, wenn er seinem ursprünglichen Plane treu ge= blieben wäre, jetzt in der That wieder bei ihr sein würde.

Er tröstete sich jedoch unmittelbar, nachdem er dies bedacht, mit der Hoffnung, daß es mit seinem Töchterchen sich mittlerweile gebessert und die Ver= zögerung seiner Rückkunft deshalb weiter nichts auf sich habe.

„Sollte es schlimmer geworden sein," murmelte der leichtsinnige Gatte und Vater, „so könnte ich ja auch nichts helfen und sollte das Schlimmste eintreten und Lenchen sterben, so weiß Charlotte schon, was sie zu thun hat. Es ist ja nicht das erste Kind, welches uns stirbt."

Und während Hammermeister dies noch bei sich dachte, schlief er sanft und ruhig ein, um sich einer Nachtruhe zu erfreuen, die selbst dem edelsten und gerechtesten der Menschen nicht immer beschieden ist.

Zum Glück — wie wir armen, kurzsichtigen Menschen oft von Dingen und Zuständen sagen, die gleichwohl, wie sich später herausstellt, das größte Unglück zur Folge haben — ging die Voraussetzung, welche der zärtlich besorgte Gatte und Vater mit so edler Resignation bei sich selbst ausgesprochen, nicht in Erfüllung.

Fast um dieselbe Stunde, wo Hammermeister als Gast seines Universitätsfreunds einschlief, um von der reizenden Gattin desselben zu träumen, erhob sich am nächstfolgenden Tage daheim in Waldenburg in seiner ärmlichen Wohnung die junge Wittwe des halben Millionärs, nachdem sie ihrer Schwester einen völlig unerwarteten Besuch abgestattet, von ihrem Stuhle um, nachdem sie ein vorläufiges Geldgeschenk zurückgelassen, in ihren Wagen, den sie eben vorsah=

ren gehört, in ihr eigenes mit allem Glanze des
Reichthums ausgestattetes Haus zurückzukehren.

Charlotte gab ihr das Geleite und kehrte dann
in ihr Zimmer zurück.

Hier näherte sie sich sofort mit haftigem, leisem
Schritt wieder dem Bett der Kleinen und sah, daß
dieselbe fest und ruhig schlief.

Der Athemzug war jetzt fast ganz gleichmäßig
und durch leises Berühren des Armes, welchen die
kleine Kranke vor sich auf der Decke ausgestreckt ruhen
ließ, überzeugte sich die besorgte Mutter, daß auch
der Pulsschlag ein langsamerer und ruhigerer geworden
war.

Mit einem stummen Dankgebet drehete Charlotte
sich wieder nach dem alten Lehnstuhl herum, in wel=
chem sie bei Mathildens Eintritt schlafend gesessen.

Sie warf bei dieser Bewegung unwillkührlich einen
Blick auf die Börse, welche Mathilde unmitelbar vor
ihrem Weggange auf den Tisch gelegt und konnte es
sich nicht versagen, das Geschenk näher in Augenschein
zu nehmen.

Die Summe, womit das kleine grünseidene Netz
gefüllt war, bestand aus einer Anzahl großer Silber=
münzen, zwischen welchen auch einige Goldstücke her=
vorblinkten, und Charlotte überzeugte sich nach kurzem

flüchtigen Durchzählen, daß damit ihre beschiedenen Bedürfnisse auf mehrere Monate gedeckt werden konnten. Freilich traf diese Berechnung nur für den Fall zu, daß das Geld ausschließlich zu diesen Bedürfnissen verwendet ward und in Charlottens Händen blieb.

Gerieth es dagegen in die ihres Gatten, so ließ sich mit Gewißheit voraussehen, daß ihr und ihrem Kinde davon nur ein geringer Theil zugutegekommen, der größere aber auf dieselbe Weise verschwelgt und durchgebracht werden würde, wie Hammermeister mit jeder Summe, die in seinen Besitz kam, mochte sie nun groß oder klein sein, zu thun pflegte.

Allerdings wissen wir, daß auch Charlotte selbst nicht die Eigenschaften besaß, welche eine kluge spar= same Hausfrau kennzeichnen.

Sie gab vielmehr, so lange sie etwas hatte, weit mehr aus, als durch die Nothwendigkeit geboten war, und ließ überdies in ihrer arglosen Gutmüthig= keit, sich von fast Allen, von denen sie ihre Bedürf= nisse bezog, auf das Unverschämteste prellen.

Man konnte demnach kaum erwarten, daß Mathildens Geschenk, selbst wenn es blos in Char= lottens Händen blieb, in möglichst nutzbringender Weise verwendet werden würde. Dennoch aber konnte man voraussehen, daß es, sobald Hammermeister es in seine Gewalt bekam, ein „Ende mit Schrecken"

nehmen mußte, und daher nur wünschen, daß Char=
lotte auf den guten Einfall kommen möchte, es vor
ihm zu verheimlichen. Daran dachte sie aber auch nicht im Entferntesten.
Im Gegentheile, während sie die schwere Börse
noch in der Hand wog, war ihr erster Gedanke:
„Wie wird Heinrich sich freuen, wenn er wieder=
kommt und ich ihm dieses Geld geben kann! Er be=
darf schon längst eines bessern Anzugs, denn wo soll
das Vertrauen auf einen Sachwalter herkommen,
wenn dieser schon durch seine Kleidung verräth, daß
er arm ist und folglich nur wenig Clienten hat?
Auch hat er sich in der letzten Zeit hinsichtlich seiner
gewohnten Genüsse so Manches versagen müssen.
Dies kann er sich nun wenigstens auf einige Zeit
wieder gestatten. Ach, wenn er jetzt zur Thür herein=
träte und ich ihm dieses Geld zeigen und ihm sagen
könnte, daß es mit Lenchen wieder besser geht, wie
würde er sich freuen!"

Daran, daß es ihr selbst an den nothwendigsten
Kleidungsstücken gebrach und die noch vorhandenen
sich in einem Zustande befanden, welcher es ihr fast
unmöglich machte, sich vor den Leuten sehen zu
lassen, daß eine weit bessere Einrichtung und Aus=
stattung ihrer Wohnräume wünschenswerth war, daß
es Schulden zu bezahlen und außerdem noch eine

Menge Dinge zu bestreiten gab, welche weit noth=
wendiger waren, als daß Heinrich Hammermeister
in den Stand gesetzt würde, eine Lebensweise wieder
aufzunehmen, die ihm und Andern nur zum Verderben
gereichen konnte — an alles dies dachte Charlotte
nicht.

Ihr Wunsch, jetzt den leichtsinnigen Gatten und
Vater eintreten und durch Mathildens Geschenk er=
freuen zu können, ging jedoch vor der Hand nicht in
Erfüllung.

Sie ahnte nicht, daß er in dem Hause eines
Freundes, den sie nicht einmal dem Namen nach
kannte, nach zwei genußreich verlebten Tagen und
Abenden und nachdem sein flatterhaftes Herz ein
neues bestrickendes Bild in sich aufgenommen, in
ruhigem Schlummer lag.

Nachdem sie daher das Geld noch eine Weile
betrachtet und sich an der Ueberraschung, die sie ihr
Gatten damit zu bereiten gedachte, im Voraus ge
weidet, legte sie es wieder auf den Tisch und setzte
sich in den alten Lehnstuhl, um schon nach wenigen
Minuten, erschöpft von langem Wachen und stürmi=
scher Gemüthsaufregung, in den Schlaf zu sinken,
dessen ihr armer kraftloser Körper so sehr bedurfte.

Dieser Schlaf hatte erst wenige Minuten gedauert,
als abermals die Thür sich leise öffnete und eine

Erscheinung sichtbar warb, bie mit ber, welche die
junge Wittwe bes Banquier Schüßler bargeboten,
burchaus keine Aehnlichkeit hatte.

Es war ein großer, starker Mann, auf bessen
bleichem, abgezehrtem, obschon noch jugenblichem Ge=
sicht die verberblichsten Leibenschaften sich malten.
Ein unheimlich glühenbes schwarzes Augenpaar
entsenbete unter bichten buschigen Brauen unstete
Blicke unb ber bichte, schwarze, ben größern Theil
bes Antlißes bebeckenbe Bart ließ bavon wenig mehr
sehen als eine lange gebogene Nase, bie blassen fahlen
Wangen unb einen ebenfalls blassen, übrigens
wohlgeformten, nur etwas bick sinnlich aufgeworfenen
Mund.

Von ber Stirn war infolge bes bicht zu beiben
Seiten herabhängenben schwarzen Haars unb einer
fast bis auf die Augen hereingezogenen alten Schirm=
müße fast gar nichts zu sehen unb aus ber übrigen
Kleibung, die aus einem abgetragenen, bicht über ber
Brust zugeknöpften, bunkelfarbigen Rocke, eben solchen
Beinkleibern unb einem bazu passenben, nur noch
etwas mehr abgetragenen Stiefelpaar bestanb, ragten
blos zwei hagere, aber große unb ungemein muskel=
starke Hänbe hervor, von welchen bie rechte mit einem
sogenannten Fléau ober „Todtschläger" bewaffnet war.

Diese erst in neuerer Zeit aufgekommene An=

griffs= und Vertheidigungswaffe besteht bekanntlich in einem kurzen Stock von Fischbein, an welchem oben und unten eine schwere große Bleikugel befestigt und durch Flechtwerk von starkem und doch biegsamen Leder zu einem Ganzen verbunden ist.

Der Räuber — denn zu einem solchen stempelte ihn die ganze Art und Weise seines Erscheinens und Auftretens unbedingt — schien gleich durch die ersten Blicke, die er in dem Zimmer umher und auf die Bewohner desselben warf, überzeugt zu werden, daß er der Waffe, die er der Vorsicht halber zur Hand genommen, einer schlafenden Mutter und ihrem kranken Kinde gegenüber nicht bedürfe.

Er steckte sie deshalb und vielleicht auch um die Schlafenden, im Fall eine derselben oder auch beide erwachten, nicht vorzeitig zu erschrecken, in eine der Hintertaschen seines Rocks.

Nachdem er dies gethan, ließ er seine Blicke eine Weile auf dem bleichen Gesicht Charlottens ruhen.

Ihre Person schien ihm nicht unbekannt zu sein und ein geübter Physiognomiker und Beobachter würde aus dem Ausdruck seiner Züge geschlossen haben, daß in seinem Innern sich ein gewisser Grad von Mitleid regte.

Wenn dieses Gefühl aber auch wirklich vorhanden war, so erstarb es doch sehr bald wieder.

Der Mann hatte nämlich die auf dem Tische
liegende Börse erblickt und dieser Anblick schien sofort
alles Andere, was nicht mit dem Wunsch, sich in den
Besitz derselben zu setzen, zusammenhing, in den
Hintergrund zu drängen.

Leise, aber rasch streckte er die Hand nach der
Börse aus, umschloß sie, ehe er sie emporhob, um
das Klirren des Inhalts zu verhindern, mit seiner
großen breiten Hand und steckte sie dann in eine
inwendig im Vorderschooß seines Rocks ziemlich tief
angebrachte Tasche, die eigens die Bestimmung zu haben
schien, annectirte Gegenstände mit möglichster Be=
quemlichkeit und Schnelligkeit verschwinden zu lassen.

Ein nochmaliger rascher Umblick in dem ärm=
lichen matterleuchteten Zimmer schien ihm die Ueber=
zeugung zu gewähren, daß hier außer der Beute,
welche er soeben zu seiner eigenen Ueberraschung und
Verwunderung gemacht, keine andere zu erwarten sei,
und daß er deshalb nichts Besseres thun könne, als
sich auf das Schleunigste wieder zu entfernen.

Er that dies auch.

Eben so geräuschlos wie er hereingekommen, ging
er auch wieder hinaus und schloß die Thür auf eine
Weise, welche verrieth, daß er die Sicherheitsapparate,
die der mißtrauische Mensch zum Schutz gegen seinen
Nächsten erfunden, meisterlich zu handhaben verstand.

10*

Ein schmales Bodenfenster, durch welches der
trübe nächtliche Februarhimmel sichtbar war, ge=
stattete dem Räuber, die Treppe, die übrigens kaum
drei Schritt weit von der Thür des Zimmers ent=
fernt war, sofort zu finden und sich leise und behutsam
dieselbe hinabzutasten.

Als er auf diese Weise in das erste Stockwerk
des Hauses hinuntergelangt war, stand er unmittelbar
vor der Thür des Zimmers, welches, wie wir zu
Anfange unserer Erzählung gesehen haben, von außen
mit dem in Blau und Gold geschriebenen Namen
„Laura" bezeichnet war.

Wir haben auch schon die persönliche Bekannt=
schaft dieser Dame gemacht und wissen, daß es eine
jugendliche stolze Brünette von imposanter Schönheit
war, deren Erscheinung und Sprechweise verriethen,
daß sie keine Tochter unserer kalten nordischen
Zone, sondern eines wärmeren, südlicheren Himmels=
striches war.

Der Unbekannte blieb, als er an diese Stelle
kam, stehen und hielt sein Ohr dicht an die Thür,
von welcher jetzt im Dunkeln nur der matte Gold=
glanz des Namensschildes sichtbar war.

Es schien ihm viel daran gelegen zu sein, sich
zu überzeugen, daß die Bewohnerin dieses Zimmers
von seiner Nähe nichts bemerke.

Gerade aber das Verfahren, welches er zu dic=
sem Zwecke einschlug, hatte einen seinen Wünschen
entgegengesetzten Erfolg.

Wäre er ganz in derselben Weise, wie er die
erste Treppe herabgekommen, auch die zweite herun=
tergegangen, so wäre er höchst wahrscheinlich schon
binnen einer halben Minute außerhalb des Hauses
gewesen.

Allerdings schlug eben die Stunde, zu welcher
in Waldenburg, eben so wie anderwärts, die Thüren
soliber Häuser geschlossen werden. Das aber, in
welchem wir uns jetzt befinden, gehörte, wie uns be=
kannt, im Bezug auf die darin wohnenden Personen,
so wie die von denselben betriebenen Gewerbe, die
mitunter hauptsächlich in der Nacht florirten, nicht
zu dieser Kategorie und stand deshalb in der Regel
bis gegen Mitternacht geöffnet.

Auch nach dieser Zeit brauchten Kunden des
alten Haus= und Schenkwirths, die ihn noch mit
ihrem Besuch zu beehren wünschten, nur an einen
der alten wackeligen Fensterläden zu pochen, um so=
fort bereitwilligen Einlaß zu finden.

Die Bewohnerin des Zimmers, vor welchem der
Unbekannte stehen blieb, war noch wach, denn sie
gehörte nicht zur Zahl Derer, welche schon am
frühen Morgen ein anstrengendes Tagewerk beginnen

und deshalb einer guten langen Nachtruhe be-
dürfen.

Die Ausstattung des Zimmers, in welchem sie
sich befand, war nicht gerade elegant, aber doch weit,
weit besser als die, welche wir bei ihren über ihr
wohnenden Hausgenossen gesehen haben, und mit
einem Worte von der Art, wie man sie in den Zim-
mern, die unter der Benennung „möblirte“ ver-
miethet werden, gewöhnlich antrifft.

Ein gutes Sopha, einige Tische und Stühle, ein
Goldrahmenspiegel von mittlerem Umfange, einige
größere und kleinere Bilder von zweifelhaftem Werth
— dies waren die hauptsächlichen Geräthschaften
und Ausschmückungsgegenstände des Zimmers, an
welches ein, die Stelle des Schlafgemachs vertreten-
der, in ähnlicher Weise ausgestatteter kleiner, dunkler
Alkoven stieß.

Zwölftes Kapitel.

Julius und Laura.

Die Bewohnerin des Zimmers, welches wir so=
eben beschrieben, saß auf dem Sopha, den Ellbogen
auf die Seitenlehne, und den Kopf in die Hand
stützend, und schien in Betrachtungen versunken zu
sein, die nicht zu den erfreulichsten gerechnet werden
konnten.

Wenigstens ging dies aus dem Mienenspiel her=
vor, welches sich in ihren schönen Zügen kundgab.

Die dunkeln Augen waren halb geschlossen, der
Mund halb trotzig, halb mürrisch aufgeworfen und
die hastigen Bewegungen, womit die freie Hand von
Zeit zu Zeit das über die Stirn herabfallende ra=
benschwarze gelockte Haar zurück über die Falten des
steibenen Kleides glattstrich, verriethen, daß der Zu=
stand ihres Gemüths kein angenehmer oder erquick=
sicher genannt werden konnte.

Plötzlich richtete sie sich aus ihrem Hinbrüten auf.

Sie hörte die Tritte des Unbekannten, der, so leise er auch die Treppe herabkam, die alten baufälligen Stufen doch nicht verhindern konnte, mehr als einmal auf verrätherische Weise zu knarren.

Noch mehr stutzte sie, als sie ganz deutlich vernahm, daß die von oben herabkommenden verstohlenen Tritte nicht an ihrer Thür vorüberschlichen, sondern unmittelbar vor derselben Halt machten.

Furcht schien in dem Herzen der jungen Dame nicht zu wohnen.

Nachdem sie vielleicht acht bis zehn Secunden gelauscht und die Ueberzeugung gewonnen hatte, daß der heimliche Passant seinen Standpunkt vor ihrer Thür immer noch behauptete, erhob sie sich entschlossen, nahm den Leuchter mit dem darauf brennenden Licht vom Tische, schritt nach der Thür und warf dieselbe mit einer solchen Heftigkeit auf, daß die Stirn des Unbekannten jedenfalls in sehr unangenehme Berührung gekommen wäre, wenn er sich nicht gerade einen Augenblick zuvor zum Fortgehen angeschickt und bereits einen Schritt von der Thür hinweggethan hätte.

Auf diese Weise kam er, wenigstens in dieser Beziehung, mit dem bloßen Schrecken davon.

Vielleicht hätte er gern die Flucht ergriffen, mochte aber glauben, daß es damit zu spät sei.

Er drehete sich daher ebenfalls rasch entschlossen herum und sagte:

„Ich bin es, Laura. Du wunderst Dich wohl, daß ich noch nicht fort bin?"

„Allerdings," entgegnete die Dame in ihrem fremdländischen Dialekt. „Was hast Du da oben gemacht?"

„Laß uns in Dein Zimmer treten, Laura," sagte der Angeredete in weit leiserem, vorsichtigerem Tone, als in welchem die Dame gesprochen, mit welcher er, wie schon aus den jetzt zwischen ihnen gewechselten wenigen Worten hervorging, auf ziemlich vertrautem Fuße stehen mußte.

Da sie unschlüssig zu sein schien, ob sie seiner Aufforderung Folge geben sollte, so wiederholte er in eben so leisem, aber dabei weit eindringlicherem Tone:

„Laß uns in Dein Zimmer treten. Es könnte uns Jemand hier hören."

Diesmal that die junge Dame, wie von ihr begehrt ward.

Sie trat mit dem Licht in ihr Zimmer zurück und der Unbekannte, der aber für sie kein solcher seine konnte, folgte ihr unmittelbar auf dem Fuße.

Daß sie den Mann nicht blos genau kannt,

sondern auch trotz seinem verdächtigen Aeußern keine Furcht vor ihm hatte, ging fernerweit daraus hervor, daß sie, nachdem sie ihr Licht wieder auf den Tisch gesetzt, worauf es vorher gestanden, nach der Thür zurückkehrte und dieselbe von innen verriegelte. Bewies sie ihrerseits dadurch, daß sie kein Bedenken trug, mit einem Manne, dessen verbrecherisches Gewerbe sie doch höchstwahrscheinlich kannte, sich von der übrigen Welt abzusperren, so schien auch er dies ganz in Ordnung zu finden und nahm ohne weitere Umstände auf dem Sopha Platz, welches Laura kurz vorher verlassen.

Trotz der Vertraulichkeit aber, welche zwischen diesen beiden uns bis jetzt räthselhaften Existenzen offenbar bestand, nahm doch die Dame nicht wieder auf dem Sopha, an der Seite des Mannes, Platz, sondern setzte sich ihm gegenüber auf einen Stuhl, der unmittelbar neben dem Tische stand.

Sie mochte glauben, daß selbst hier unter vier Augen der Contrast zwischen ihrer eleganten und seiner ärmlichen, halb verwilderten Erscheinung ein zu greller sei, um nicht auch durch die wechselseitige Position ausgedrückt werden zu müssen.

Der Mann schien durch diesen halben Beweis einer so zu sagen materiellen Scheu nicht besonders empfindlich berührt zu werden, sondern in so weit

Philosoph zu sein, daß er diesen, wenn auch unbe=
deutenden, Act von Zurückhaltung als durch die Um=
stände vollkommen gerechtfertigt betrachtete.

„Du wunderst Dich, daß ich noch hier im Hause
bin, Laura, nicht wahr?" fragte er nochmals.

„Ja wohl," antwortete sie. „Soll ich mich nicht
wundern, wenn Du vor einer halben Stunde hier
fortgehst, um, wie Du sagtest, heute Abend noch ein
wichtiges Geschäft zu besorgen, und ich dann finde,
daß Du das Haus nicht nur nicht verlassen, sondern
auch, ich weiß nicht zu welchem Zwecke, die zweite
Treppe erstiegen hast?"

„Das soll Dir sofort klar werden."

„Ich bin neugierig, es zu hören."

„Ich würde Dir es auf alle Fälle noch heute
Abend mitgetheilt haben."

„Auch wenn ich meine Thür nicht selbst geöffnet
hätte?"

„Ja, auch wenn Du Deine Thür nicht selbst
geöffnet hättest.

„Aber warum kamst Du dann nicht herein?"

„Nun, bin ich vielleicht nicht da?"

„Ich meine, warum Du nicht sogleich hereinkamst?"

Der Mann in dem abgetragenen, zugeknöpften
Rocke machte eine Miene, als ob er nicht verstände,

was seine Bekannte mit dem von ihr betonten
Worte sagen wollte.

Mit dem Ausdruck der Frage wiederholte er:
„Sogleich?"

„Nun ja," fuhr die Dame fort. „Ich hörte
Dich die Treppe herunterkommen —"

„Woher wußtest Du, daß ich es war?" unter=
brach Laura's Bekannter.

„Ich hatte mich falsch ausgedrückt. Daß Du
es warst, weiß ich allerdings erst von dem Augen=
blicke an, wo ich Dich draußen stehen sah. Ich hörte
aber an dem Knistern der Stufen ganz deutlich, daß
Jemand dieselben herunterkam."

Der Mann gab hierauf keine Antwort, sondern
nickte blos und verschränkte die Arme über der Brust.

„Warum kamst Du nicht sogleich herein?" fragte
die Dame nochmals, indem sie einen scharfen, durch=
bringenden Blick auf ihn heftete.

Er hielt diesen Blick sehr ruhig und gelassen
aus.

Dann verzog er, so weit sein voller Bart es
zu sehen gestattete, den Mund zu einem spöttischen
Lächeln und sagte:

„Ich wollte mich erst überzeugen, daß Du allein
seiest."

Die schöne junge Dame warf den Kopf zurück,

biß sich auf die Unterlippe und legte in ihren schon vorher durchdringenden Blick einen Ausdruck, welcher nichts Gutes verkündete.

Man sah ihr an, daß sie sich durch die Bemerkung des Mannes verletzt fühlte und daß die zornigen Worte, welche diese Empfindung ihr eingab, ihr schon auf der Zunge schwebten.

Dennoch mochte sie glauben, daß der gegenwärtige Augenblick nicht hierzu geeignet sei.

Mit einer Selbstüberwindung, wie sie nur wenigen Frauen verliehen ist, bezwang sie sich daher und verschob wahrscheinlich in Gedanken das, was sie sagen wollte, auf eine spätere, gelegenere Zeit.

„Du weißt, Julius," entgegnete sie in erzwungen ruhigem Tone, „daß ich, wenn Du mich Abends verlassen hast, dann allemal allein bin."

Der Mann, dessen Name, wie wir nun wissen, Julius war, lächelte wieder spöttisch und sagte:

„Lassen wir dies vor der Hand dahingestellt sein, Laura. Es kann nichts nützen, darüber zu streiten."

„Das sollte ich auch meinen. Erzähle lieber, was Du mir mitzutheilen hast."

Julius schien sich rasch zu überlegen, was er in seinem Interesse zu sagen oder zu verschweigen hätte, und hob dann an:

„Als ich vor etwa einer Stunde hier bei Dir eintrat, sagtest Du mir, daß soeben eine Dame, die in einer eleganten Equipage gekommen, Deine Thür passirt und nach dem Notar Hammermeister gefragt hätte."

„Sehr richtig und ich schilderte Dir auf Dein Befragen, so gut ich konnte, das Aeußere dieser Dame."

„Ja, und schon diese Schilderung regte in mir allerhand Gedanken an, über die ich mir nicht sogleich klar werden konnte."

„Du hattest wieder getrunken."

„Getrunken? Nun ja. Warum soll ich nicht, wenn ich gerade Geld habe und die Witterung so stürmisch und naßkalt ist, wie heute?"

Laura schien es nicht für nöthig zu halten, hierauf etwas zu entgegnen, und Julius fuhr nach einer kurzen Pause weiter fort:

„Du hast Recht, Laura, wenn Du sagst, daß meine Gedanken aus diesem Grunde etwas unklar gewesen seien. Es geht mir seit einiger Zeit sehr oft so."

„Ich habe es wohl bemerkt," warf Laura dazwischen.

„Mein Himmel, es geht mir gerade wie andern Leuten. Allerdings bin ich noch nicht alt, für jung aber kann ich mich auch nicht mehr ausgeben."

„Ein Mann von fünfundbreißig Jahren wie Du
sollte aber gerade in der Fülle und auf der Höhe
seiner Lebenskraft stehen."

„Ja, dann aber darf ihm nicht ein so wechsel=
volles, aufreibendes Leben beschieden gewesen sein, wie
mir. Wenn ich bedenke, was ich nur seit den letzten
zehn Jahren alles durchgemacht habe, so wundere ich
mich, daß ich überhaupt noch in der Haut hänge."

Laura schien durch den unfeinen Ausdruck, dessen
der bärtige Mann sich bediente, nicht, wie man von
einer so eleganten Dame doch hätte vermuthen sollen,
unangenehm berührt zu werden.

Ihre ganze Redeweise und Aussprache verrieth,
daß, wie wir schon früher angedeutet, das Deutsche
nicht ihre Muttersprache war, sondern daß sie es erst
in späteren Jahren erlernt hatte.

Dennoch verstand sie es vollkommen und sprach
es auch selbst mit großer Geläufigkeit.

Die kleinen Verstöße und Verwechselungen, deren
sie sich dabei schuldig machte, verliehen ihrer Aus=
drucksweise einen eigenthümlichen Reiz.

„Wenn Du," entgegnete sie auf die Bemerkung
ihres bärtigen Besuchers, „fortwährend auf andere
Dinge zu sprechen kommst, so werde ich wahrschein=
lich heute Abend nicht erfahren, wie es kommt, daß

ich Dich, nachdem ich Dich schon seit einer halben
Stunde verschwunden glaubte, nochmals sehe."

„Du haſt Recht, Laura. Ich war alſo; wie
ich Dir ſchon geſtanden, als ich vor etwa einer Stunde
zu Dir kam, ein wenig benebelt und hörte das, was
Du mir ſagteſt, nur mit halbem Ohr. Später, als
ich von Dir fortging, um mich nach Hauſe zu be=
geben, überlegte ich, da mein Räuſchchen mittlerweile
ein wenig verflogen ' ..., mir erſt das, was Du mir
von jener Dame geſagt, ordentlich und es ging mir
plötzlich ein Licht auf."

„Ein Licht?" wiederholte Laura.

„Jawohl, ein Licht, una luce, wie Ihr Italiener
ſagt."

Julius hielt inne, ſah Laura bedeutungsvoll an
und fuhr nach einer Pauſe von mehreren Sekunden
fort:

„Ehe ich Dir ſagen kann, was ich im Scheine
des Lichts, welches mir ſo plötzlich aufging, ſah,
mußt Du mir verſichern, daß Du deswegen nicht
eiferſüchtig ſein willſt."

„Eiferſüchtig?" wiederholte die Italienerin mit
einem Ausbruck, in welchem ſich Wehmuth und Bitter=
keit miſchten. „Von Eiferſucht kann zwiſchen uns
keine Rede mehr ſein. Dir verbietet es Dein
Charakter und mir mein Schickſal."

Der bärtige Mann nahm von dem in den letzten Worten der jungen Dame für ihn liegenden Vorwurf keine Notiz, sondern fuhr in fast scherzhaftem Tone fort:

„Nun, dann kann ich Dir sagen, daß die Dame, welche Du gesehen, nichts mehr und nichts weniger als eine alte Flamme von mir ist."

„Eine alte Flamme?" wiederholte Laura. Sie hatte diesen Ausdruck noch nicht gehört, errieth aber natürlich sofort die Bedeutung desselben und setzte hinzu:

„Das soll wohl heißen, eine frühere Geliebte?"

„Ganz richtig, cara mia. Freilich ist es schon ein wenig lange her und deßhalb bedurfte es auch noch gewisser Nebenumstände, ehe ich in Verbindung mit dem, was Du mir gesagt, errieth, daß es sich hier wirklich um meine Mathilde handele."

„Mathilde heißt sie?"

„Ja, Mathilde. Als ich von Dir fortging und schon hinunter auf die Straße war, überlegte ich mir, daß Du mir gesagt hattest, die Dame habe zu der Frau des Notars Hammermeister gewollt. Nun aber ist diese Frau Notar Hammermeister die jüngere Schwester meiner ehemaligen Geliebten, und die Beschreibung, die Du mir gemacht, stimmte mit dem Bild, welches mir von Mathilde in der Erinnerung zurückgeblieben, vollkommen überein."

„Sie muß sehr schön gewesen sein."

„Ja, das war sie, obschon nicht so schön wie Du bist, Laura."

Julius heftete, indem er dies sagte, auf die Italienerin einen Blick, worin trotz der halb spötti= schen, halb geringschätzenden Weise, auf welche er bis jetzt mit ihr gesprochen, ein unverkennbarer Aus= druck von Bewunderung lag.

Obschon zum Verbrecher herabgesunkener Wüst= ling, besaß er doch Geschmack und Bildung, und kein Mann, der mit diesen Eigenschaften ausgestattet war, konnte Laura den Tribut versagen, der ihr jetzt still= schweigend selbst von dem gezollt ward, dem sie in vielen Beziehungen schon längst gleichgültig ge= worden.

„Ja, sie war schön," fuhr er vor sich hinblickend und sich gleichsam in die Vergangenheit versenkend, fort. „Sie war schön, aber ihre Schönheit war mein Verderben."

„Wie kam das?"

„Ausführlich kann ich Dir die Sache heute Abend nicht erzählen; dazu ist die Zeit zu kurz."

„Sind wir nicht Herren unserer Zeit?"

„Du wohl, Laura, aber ich nicht. Schon als ich

Dich das erste Mal verließ, sagte ich Dir, daß ich heute Abend noch ein wichtiges Geschäft zu besorgen hätte, und ich kann Dir daher höchstens noch eine halbe Stunde schenken."

„Für einen raschen Erzähler, der sich kurz zu fassen weiß, ist dies immer noch eine verhältniß= mäßig lange Zeit und Du kannst mir, wenn Du sonst willst, in derselben viel mittheilen," entgeg= nete Laura.

Dreizehntes Kapitel.

Erklärungen.

„Wie ich mit Mathilde bekannt ward,“ fuhr Ju=
lius fort, „ist Nebensache, worüber ich mich gelegentlich
später einmal aussprechen kann. Sie war schön, ich
liebte sie und glaubte von ihr wieder geliebt zu werden,
bis ich — leider für meinen Seelenfrieden zu spät
— entdeckte, daß sie kein Herz hatte.“

Laura's Aufmerksamkeit, die schon vorher gespannt
gewesen, ward dies durch die letzten Worte des Mannes,
zu welchem sie offenbar in einem näheren Verhältniß
stand, noch mehr.

„Nach kurzer Zeit,“ erzählte er weiter, „bemerkte
ich, daß von dem Tage an, an welchem sie mich zu
ihren Füßen gesehen und das Geständniß meiner Liebe
gehört, das Interesse, welches sie zeither für mich auf
so unzweideutige Weise an den Tag gelegt, allmälig
erkaltete und daß sie nach einiger Zeit sogar eine Lö=
sung unseres Verhältnisses zu wünschen schien.“

„Lag," fragte Laura, „der Grund davon vielleicht darin, daß Dir in der Person eines andern Mannes, der ihr besser gefiel, ein gefährlicher Nebenbuhler erstanden war?"

„Ja, dies war allerdings der Fall. Ein ange=hender Jurist hatte sie mit seiner glatten Zunge zu beschwatzen verstanden, wenn sie ihm nicht etwa — was man bei ihrem leidenschaftlichen Charakter mit gutem Grund voraussetzen konnte — selbst auf halbem Wege entgegengekommen war."

„Und erwies sie sich gegen diesen treuer und zu=verlässiger als gegen Dich?"

„Vielleicht hätte sie dies gethan, leider aber ließ er ihr keine Zeit dazu."

„Er ließ ihr keine Zeit dazu? Wie soll ich das verstehen?"

„Die Sache ist ganz einfach. In dem jungen Juristen fand sie einen Anbeter, der ihrer würdig war, das heißt einen Mann, der sich nicht scheuete, eben so grundsatz= und gewissenlos zu handeln, wie sie selbst."

„Und der an ihr Vergeltung für das übte, was sie Dir zugefügt hatte, nicht wahr?" setzte Laura hinzu.

„Ja, so war es. Ihre Strafe war aber um so härter, als ihre eigene Schwester es war, durch welche sie sich aus dem Herzen ihres neuen Geliebten ver=drängt sah."

„Ihre eigene Schwester?"

„Jawohl, durch ihre eigene einzige Schwester, dieselbe, welche jetzt als Weib des ihrer älteren Schwester untreu gewordenen Mannes hier in diesem selben Hause lebt."

„Dann ist also der Notar Hammermeister jener Nebenbuhler, der Dich aus Mathildens Herzen ver= drängte?"

„Ja, ihm habe ich es zu danken, daß ich das geworden bin, was ich bin, aber auch ihn hat sein Geschick ereilt."

„Er scheint, so viel ich während der wenigen Tage, die ich hier wohne, bemerkt habe, mit seiner Familie in großer Armuth zu leben."

„So ist es. Der Fluch seiner Thaten ruht auf ihm und wo gäbe es einen schwereren, als den der Armuth?"

Laura widersprach dieser Behauptung nicht, denn auch sie hatte, obschon man es ihr jetzt nicht ansah, die unheilvolle Macht des Zustands kennen gelernt, von welchem Julius sprach.

„Gleich, nachdem ich die Gewißheit erlangt, daß Mathilde für mich auf immer verloren war, trieb es mich hinweg aus dieser Stadt, wo ich täglich und stündlich darauf gefaßt sein mußte, der Treulosen am Arme meines verhaßten Rivals zu begegnen. Ich

irrte in der weiten Welt umher, bis ich, nachdem ich
Dich kennen gelernt und Dir eine Zeitlang auf Deiner
wechselvollen Bahn Gesellschaft geleistet, hierher zu=
rückkehrte."

„Dann hast Du also wohl erst jetzt erfahren,
in welcher Weise Dein Nebenbuhler Dich, wenn auch
ohne es zu wollen, gerächt hat?"

„Ja; ein alter Bekannter, dem das Schicksal fast
eben so übel mitgespielt hat wie mir und den ich mich
deßhalb nicht scheuete, anzureden, sagte mir es und
theilte mir zugleich mit, daß Hammermeister eben so
wie ich durch eigene und fremde Schuld in's tiefste
Elend gerathen ist.

„Und Mathilde? Fragtest Du nicht auch nach
dieser? Ist sie noch unvermählt?"

„Noch unvermählt ist sie nicht, wohl aber nicht
mehr vermählt."

„Ich verstehe Dich nicht recht."

„Und doch sollte ich meinen, ich könnte mich nicht
klarer und deutlicher ausdrücken. Allerdings hätte
ich mich etwas bündiger fassen können, wenn ich ein=
fach gesagt hätte: sie ist Wittwe."

„Wittwe?" wiederholte Laura mit einem Gemisch
von Erstaunen und Schrecken. „Allerdings war sie
ganz schwarz gekleidet."

„Ja, sie ist Wittwe und zwar erst seit heute."

„Seit heute erſt?"

„Ja, ſeit heute erſt," ſagte Julius nochmals.
„Bald nach meinem Weggange von hier vermählte,
wie mein alter Bekannter erzählte, die jüngere
Schweſter, trotzdem daß ihr Vater ſie zu enterben
und Mathilde ihr mit ewiger Feindſchaft drohte, ſich
mit Hammermeiſter, und Mathilde ſelbſt heirathete
nach einiger Zeit einen alten reichen Banquier,
Namens Adrian Schüßler. Ihr Vater iſt ſeitdem
geſtorben und heute Morgen hat nach längerer Krank=
heit ihr Gatte das Zeitliche ebenfalls geſegnet."

„Dann iſt ſie wohl nun ſehr reich?"

„Höchſt wahrſcheinlich. Ich kenne den alten
Schüßler von früher her und er galt ſchon damals
für einen der reichſten Männer dieſer Stadt."

„Und dies fiel Dir wohl ein, als Du in der
Dame, die ich geſprochen, Deine frühere Geliebte
vermutheteſt?"

„Ja wohl. Ich dachte mir ſogleich, daß ſie nach
ihrer leidenſchaftlichen, launenhaften Weiſe nun, wo
ſie unumſchränkte Herrin ihres Willens geworden,
der Feindſchaft gegen ihre Schweſter entſagt und
dieſe freiwillig aufgeſucht habe."

„Und dies bewog Dich wohl umzukehren, um
womöglich mit ihr zuſammenzutreffen?"

„Ja, dies war meine Idee."

„Und deshalb kehrtest Du in das Haus zurück?"

„Ja."

„Warum zogst Du es nicht vor, sie auf der Straße zu erwarten?"

„Du hattest mir gesagt, daß sie in einer Equipage gekommen sei. Ich vermuthete deshalb sogleich, daß sie von dieser Equipage auch wieder abgeholt werden und es mir dann unmöglich werden würde, sie anzureden."

„Du wolltest sie anreden?"

„Warum nicht?"

„Trotzdem, daß sie Deine Liebe verschmähte und einen Anderen bevorzugte?"

„Ich habe Dir schon gesagt, daß sie dafür hart gestraft worden. Der Mensch soll nicht unversöhnlich sein."

„Besonders nicht, wenn er sieht, daß eine Versöhnung von Nutzen für ihn begleitet sein kann," setzte Laura hinzu.

Sie machte dabei eine spöttische Miene, denn sie glaubte nun ihrerseits die Rolle spielen zu können, welche Julius während des ersten Theils ihres Zwiegespräch's gegen sie durchzuführen gesucht.

„Du hast abermals Recht, Laura," entgegnete der zweideutige Mann. „Ich leugne auch durchaus nicht, daß die Kunde von dem Tode des alten Ban=

quiers in Verbindung mit dem, was ich über Ham=
mermeister erfahren, mir wie ein Hoffnungsstrahl er=
schien, der plötzlich am Horizont meines Unglücks
und Elends auftauchte."

„Du drückst Dich sehr poetisch aus."

„Dann muß eben das Unglück und Elend mich
zum Poeten gemacht haben, denn früher habe ich nie
auch nur eine Aber von einem solchen in mir ver=
spürt."

„Also Du gingst in das Haus zurück?" fragte
die Italienerin, indem sie das Gespräch mit diesen
Worten wieder auf das eigentliche Thema zurück=
leitete.

„Ja, ich kehrte in das Haus zurück und ich kam
an Deiner Thür vorüber, ohne daß ich, wie jetzt,
von Dir bemerkt worden wäre."

„Woraus schließest Du das?"

„Wenn Du mich gehört hättest, so würdest Du
ganz gewiß, ebenso wie jetzt, Deine Thür geöffnet ha=
ben, um zu sehen, wer da sei."

„Wohl hörte ich kurze Zeit, nachdem Du Dich
entfernt hattest, ein Geräusch von leise vorbeischlei=
chenden Tritten. Ich glaubte indessen, dieselben rühr=
ten von jener Dame her, welche einen nur ganz
kurzen Besuch gemacht habe und nun im Begriff
stände, das Haus wieder zu verlassen."

„Und deßhalb hielteſt Du es für überflüſſig, der Sache näher auf den Grund zu gehen?"

„Ja, ſo war es."

„Ich ſchlich alſo leiſe die Treppe hinauf und näherte mich vorſichtig der Thür des Zimmers, die mir der fahle Schimmer zeigte, welchen der nächt= liche Himmel durch das Bodenfenſter hereinwarf."

„Aber fürchteteſt Du nicht, mit Deinem ehema= ligen Nebenbuhler zuſammenzutreffen?"

„Nein. Nach dem, was ich von Hammermei= ſter neuerdings gehört, konnte ich mit Recht vermu= then, daß er zu dieſer Stunde überall anzutreffen ſein würde, nur nicht in ſeiner Wohnung."

„Dann ſcheint er einer Lebensweiſe zu huldigen, welche der Deinigen nahe verwandt iſt."

„Möglich, ſehr leicht möglich. Unſere Geſchicke haben ſehr viel Aehnliches, warum ſollte es mit unſerer Lebensweiſe nicht auch der Fall ſein?"

„Schon gut, ſchon gut. Erzähle weiter."

„Der Beſorgniß, mit Hammermeiſter zuſammen= zutreffen, wäre ich übrigens, wenn ich eine ſolche ge= hegt hätte, ſchon durch die erſten Aeußerungen über= hoben worden, welche ich zwiſchen den beiden Schwe= ſtern wechſeln hörte."

„Du horchteſt alſo?"

„Ja wohl. Glaubſt Du vielleicht, daß es für

meinen Zweck ersprießlicher gewesen wäre, wenn ich angepocht und mich den Damen vorgestellt hätte?"

Laura gab durch ihr Schweigen zu erkennen, daß sie es verschmähete, etwas auf eine in dieser ironischen Weise an sie gerichtete Frage zu erwidern. Julius fuhr daher nach einer kurzem Pause fort:

„Die Frau des armen Notars erzählte, nachdem sie von ihrer älteren Schwester gehört, welche Veränderung in der Lage dieser seit erst wenigen Stunden eingetreten, daß sie selbst mit ihrem kranken Kinde dem äußersten Mangel preisgegeben sei und daß ihr Mann eine kleine Reise zu dem Zweck unternommen habe, um zu sehen, ob er sich nicht an einem andern Ort mit den Seinigen eine bessere Existenz gründen könne."

„Aha!" sagte Laura, wie halb bei sich selbst, „darum habe ich ihn gestern und heute gar nicht bemerkt."

„Kennst Du ihn? Hast Du ihn gesehen?" fragte der bärtige Mann hastig.

Es zuckte dabei aus seinem unheimlich düstern Auge ein Blitz, welcher zu verrathen schien, daß die Eifersucht, von welcher nach Laura's Erklärung zwischen ihm und ihr keine Rede mehr sein konnte, wenigstens bei ihm noch nicht außerhalb des Bereichs der Möglichkeiten lag.

„Nein," entgegnete die Gefragte, „gesehen habe
ich ihn nicht, wenigstens nicht von Angesicht. Ich
habe ihn blos einige Male beim Verlassen seiner
Wohnung etwas zurückrufen hören und weiß, daß
er ·eine ungemein melodische Stimme hat, wie man
sie unter meinen Landsleuten wohl sehr oft, unter
Euch Deutschen aber höchst selten antrifft."

Die Stimmung des Abenteurers schien durch
diese Bemerkung in keine bessere umgewandelt zu
werden.

Wenn wir ihn — beiläufig gesagt — einen
Abenteurer nennen, so wissen wir, daß er Grund
hat, sich bei uns für dieses Prädicat zu bedanken,
denn so kurz auch erst unsere Bekanntschaft mit ihm
ist, so haben wir ihn doch schon Dinge verüben
sehen, die uns das gesetzliche Recht geben würden,
ihn noch mit einem ganz anderen Namen zu be=
zeichnen.

Er wußte, daß er seinerseits sich nicht des
physischen Vorzugs rühmen konnte, welchen Laura
an seinem ehemaligen Nebenbuhler wahrgenommen.
Sein heiseres, gepreßtes Sprachorgan war vielmehr
eine der wenigen Schattenseiten, die seine sonst statt=
liche, echt männliche Persönlichkeit besaß.

Laura hatte mit der ihrer Nation in diesem
Punkte eigenthümlichen Empfindlichkeit dies gleich

zu Anfang ihrer Bekanntschaft mehr als einmal
gerügt.

Dies war aber damals in scherzendem Tone
geschehen, während jetzt, wo zwischen Beiden eine
Verbitterung, über die uns der weitere Verlauf un=
serer Erzählung Aufschluß bringen wird, herrschte,
eine solche Hindeutung sehr leicht als ein Beweis
von wachsender Abneigung gedeutet werden konnte.

Die Italienerin schien jedoch kein großes Ge=
wicht darauf zu legen; ob ihre Bemerkung in diesem
Sinne aufgenommen würde oder nicht, sondern fuhr
mit wenigstens erheuchelter Gleichgültigkeit fort:

„Zwei oder drei Mal habe ich ihm auch, als
ich ihn fortgehen hörte, aus dem Fenster nachge=
schaut und gesehen, daß er nicht blos, wie Du vor=
hin sagtest, in Bezug auf Lebensschicksale, sondern
auch hinsichtlich der Gestalt, des Wuchses und des
Ganges viel Aehnliches mit Dir hat. Hoffentlich
wirst Du ihm dies nicht auch zum Fehler anrechnen.“

„O nein,“ entgegnete Julius wieder lächelnd,
„ich glaube sogar, daß ich noch etwas größer und
stärker bin, als er.“

„Ich will Dir diesen Vorzug vor ihm nicht be=
streiten. Du würdest mich aber verbinden, wenn Du
mir weiter erzählen wolltest, was die beiden Damen
mit einander verhandelten.“

So aufgeforbert, fuhr der Abenteurer fort zu
berichten, was er gehört, obschon nur insoweit, als
er es für seine Zwecke räthlich fand.

Demgemäß erwähnte er kurz, wie die beiden
Schweftern, obschon die ältere der jüngeren wegen
ihrer frühren Handlungsweise heftige Vorwürfe ge=
macht, dennoch in Frieden von einander geschieden
seien und Mathilde wiederholt versichert habe, Mut=
ter und Kind in Zukunft unterstützen zu wollen.

Das, was er in Bezug auf das von dem alten
Banquier hinterlaffene Testament vernommen, ver=
schwieg er vollständig.

Er sagte sich, daß möglicherweise in dieser Be=
ziehung sich ihm ein Feld für gewinnbringende Thä=
tigfeit eröffnen könne, und daß er deshalb klug thun
würde, selbst eine so vertraute Person wie Laura für
ihn zu sein schien, nicht vorzeitig in dergleichen Dinge
einzuweihen.

Ebensowenig erwähnte er, daß er gehört, wie
Mathilde zum Beweis ihrer mildthätigen Gesinnung
unmittelbar vor ihrem Weggange eine gefüllte Börse
auf den Tisch des Zimmers gelegt.

Er hatte dies übrigens nicht blos gehört, son=
dern auch durch eine in der alten Stubenthür vor=
handene Rihe hindurch deutlich gesehen.

„Der Aufbruch der ältern Schwester aus der

Wohnung der jüngern," fuhr er in seiner Erzählung
fort, „erfolgte rascher, als ich dachte. Ich hatte mir
vorgenommen, Mathilden, im Fall ihre Schwester ihr
das Geleite gäbe, voranzueilen und sie unten in der
Hausflur anzureden. Plötzlich aber und ehe ich noch
Zeit hatte, mich der Treppe zu nähern, traten die
beiden Damen heraus und ich konnte mich nur mit
Mühe und Noth hinter einen in der Nähe stehenden
alten Schrank retiriren, hinter welchem es mir auch
gelang, mich verborgen zu halten, bis die jüngere
Schwester in ihr Zimmer zurückgekehrt war."

„Aber konntest Du der ältern nicht rasch nach=
eilen?"

„Nein, ich wäre zu spät gekommen, denn kaum
hatte die Thür sich hinter der zu ihrem Kind zurück=
kehrenden Mutter wieder geschlossen, so hörte ich auch
schon unten den Wagen durch das Gäßchen davon=
rollen."

„Aber als ich Dich vorhin die Treppe herab=
schleichen hörte, waren seit dem Fortfahren des Wa=
gens schon zehn, ja vielleicht fünfzehn Minuten ver=
flossen. Warum bist Du dann noch so lange in
Deinem Versteck geblieben?"

„In meinem Versteck blieb ich nicht so lange.
Sobald ich es ohne Gefahr thun konnte, näherte ich
mich wieder der Thür, lugte durch die Thürritze und

faß, daß Mathildens Schwester wieder in dem alten Lehnstuhl Platz genommen, in welchem sie schon vorher während des Gesprächs mit der Wittwe des Banquiers gesessen."

„Und was machte ihr Kind?" fragte Laura mit dem weiblichen, sympathischen Instinct, der sich selbst unter den Gefallenen ihres Geschlechts nicht verleugnet.

„Dieses schien zu schlafen und auch die Mutter sank sehr bald, nachdem sie ihren bequemen Platz eingenommen, in festen Schlaf. Ich konnte nun nicht der Versuchung widerstehen, in das Zimmer selbst einzutreten und mich durch eignen Augenschein zu überzeugen, daß mein Nebenbuhler sich mit seiner Familie wirklich in so elender Lage befände, wie man mir erzählt."

„Aber fürchtetest Du nicht, die Schlafenden durch das Oeffnen der Zimmerthür zu wecken?"

„O nein. Nicht alle Menschen haben ein so feines und leises Gehör wie Du, und übrigens bin ich auch kein solcher Tölpel, daß ich nicht eine Thür geräuschlos zu öffnen und zu schließen verstünde."

„Ja, ja," bemerkte Laura wieder mit spöttischem Lächeln; „Uebung macht den Meister."

Ohne dem Erzähler Zeit zu gestatten, etwas hierauf zu bemerken, setzte sie hinzu:

„Und fandeſt Du die Mittheilungen, die man Dir über die Lage des Notars gemacht, beſtätigt?"

„Ja wohl, in weit größerem Umfange als ich es gedacht. Alles, was ich in dem Zimmer ſah, ver= rieth die bitterſte Armuth, die bleichen, hohlen Züge der ſchlafenden Mutter ſprachen nur von Mangel und Entbehrung und nachdem ich dieſe Ueberzeugung gewonnen, konnte ich mich befriedigt entfernen."

Auch jetzt verſchwieg er, daß er ſich die auf dem Tiſche liegende Börſe angeeignet.

Wohl hatte er nach dem Gefühl befriedigter Rache getrachtet und ſich daſſelbe auf dem von ihm angegebenen Wege auch wirklich verſchafft.

Der Hauptgrund aber, aus welchem er das Zim= mer betreten, war der Wunſch geweſen, ſich in den Beſitz des Geldes zu ſetzen, und die Genugthuung, die er nach glücklich ausgeführtem Raube empfand, war ſicherlich ebenſo ſtark und angenehm, ja vielleicht noch angenehmer, als das Gefühl befriedigter Rache, wovon er ſoeben geſprochen.

„Nun aber," ſetzte er hinzu, nachdem er auf dieſe Weiſe Alles mitgetheilt, was er mittheilen gewollt, „wird es die höchſte Zeit, daß ich mich entferne."

„Was iſt denn das für ein wichtiges Geſchäft, welches Du noch heute Abend zu beſorgen gedenkſt?" fragte Laura.

Julius erhob sich, um zu gehen, setzte die alte
Schirmmütze, welche er während des Gesprächs abge=
nommen und auf den Tisch geworfen, wieder auf
und sagte:

„Darüber wirst Du mir für heute noch erlauben,
Schweigen zu bewahren. Morgen vielleicht, wenn ich
zur gewohnten Stunde wieder hier bin, kann ich Dir
Aufschluß darüber geben."

Und somit und nachdem sie sich gegenseitig kurz
gute Nacht gewünscht, schieden die Beiden.

Vierzehntes Kapitel.
Die junge Wittwe daheim.

Mathildens Equipage rollte, nachdem sie das Gäßchen, in welchem die unglückliche Schwester wohnte, verlassen, durch einige breitere Straßen, die aber sämmtlich noch einem vorzugsweise armen Stadttheil angehörten, weiter über einen großen, freien Platz hinweg.

Dieser Platz bildete, so zu sagen, die Grenze zwischen der Stadt der Armuth und der des Reich= thums.

Es versteht sich von selbst, daß die junge Wittwe ihre dermalige Heimath in der letzteren hatte.

Hier bewegte sich die Equipage nicht so einsam, wie in den Regionen, welche sie soeben verlassen, sondern gerieth nicht selten in ein solches Gewimmel von eben so eleganten, ja zum Theil noch weit prachtvolleren Fuhrwerken, daß der Kutscher oft seine

ganze Geschicklichkeit aufbieten mußte, um sich hin=
durch zu arbeiten.

In einer der breitesten und prächtigsten Straßen
dieses vorzugsweise von der Geldaristokratie bewohnten
Stadttheils machte der Wagen Halt.

Das Haus, vor welchem er hielt, glich in seiner
massiven, imposanten Erscheinung mehr einem Palast.

Nicht allzuhoch, denn es zählte nicht mehr als
zwei Etagen, besaß es doch infolge des vollendeten
gediegenen Geschmacks und des nobeln Styls, in
welchem es erbaut war, sowie wegen seiner mit pracht=
voller Bildhauerarbeit geschmückten Façade vollen An=
spruch auf die Benennung, die wir ihm soeben vin=
dicirt.

Wenn es aber den Namen eines Palastes ver=
diente, so glich es gleichwohl — wenigstens in diesem
Augenblicke — einem Palast des Todes.

Die langen Reihen der hohen Spiegelscheiben=
fenster wurden von innen heraus durch keinen Licht=
strahl erhellt, sondern warfen mit ihren weißen, ge=
schlossenen Gardinen nur den Schein der Gaslaternen
zurück, welche die noch von regem Verkehr wimmelnde
Straße beleuchteten.

Nur in einem einzigen kleinen Gemach der zweiten
Etage des linken Flügels machte sich an der eben=
falls herabgelassenen Gardine ein matter Schimmer

bemerkbar, der von einer hier brennenden Lampe
herzurühren schien.

Die Hausflur war dagegen noch hell erleuchtet und
that sich wie auf einen Zauberschlag in dem Moment
auf, wo der Wagen vor dem bis jetzt geschlossenen
hohen und breiten Thor Halt machte.

Der Kutscher lenkte sein Gespann hinein in die
weite mit Holzwürfeln geflasterte Halle, welche die
Hufschläge der leichtfüßigen Rosse und die rollenden,
schmalen Räder der in ihren Federn sich schaukelnden
Equipage mit verhältnißmäßig nur geringem Ge=
räusch erfüllten.

An der großen, breiten, am entgegengesetzten Ende
der Hausflur befindlichen Treppe angelangt, machte
der Wagen abermals Halt und Mathilde stieg aus.

Eine schwarzgekleidete Zofe stand mit einer bren=
nenden Kerze zu ihrem Empfange bereit.

Der Wagen bewegte sich, nachdem seine Herrin
ihn verlassen, durch das hintere Thor hinaus in den
Hofraum, wo Stallungen und Remisen sich befanden.

Beide Thore wurden dann wieder von dem Por=
tier geschlossen, der nun sein schweres Tagewerk als
beendet betrachtete und sich in das kleine Zimmer zu=
rückzog, welches er im Erdgeschoß dicht neben dem
Haupteingangsthor bewohnte.

Die Zofe ging ihrer Herrin seitwärts immer

um eine Stufe voran, bis hinauf in die zweite
Etage.

Hier schritten sie sich rechts wendend den langen
Corridor hindurch an vielen Thüren vorbei, bis an
die allerletzte.

Es war die, welche den Zugang zu dem kleinen Zim=
mer bildete, welches, wie wir unten von der Straße
aus gesehen, in den ganzen beiden Etagen das ein=
zige war, worin Licht brannte.

Auch dieses Licht war ein nur mattes, so wie
es sich für ein Haus schickte, welches die Leiche seines
Besitzers barg.

Die Zofe öffnete und Mathilde trat ein.

Sie entledigte sich sofort ihrer schweren Ober=
kleider, während die Zofe, die ihren Leuchter mit der
brennenden Kerze auf den Tisch neben die mit einem
dunkelgrünen Schirm bedeckte Lampe gesetzt, ihr da=
bei behülflich war.

Dann sank sie wie ermüdet auf das weich gepol=
sterte Sopha, welches in der Nähe des Tisches
stand.

„Minette!" sagte sie zu der Zofe, welche, nach=
dem sie die ihrer Herrin abgenommenen Hüllen auf
einen Nebentisch gelegt, die etwaigen weitern Befehle
erwartend, in einiger Entfernung von dem Sopha
stehen geblieben war.

„Frau Commerzienräthin!" antwortete sie auf die Nennung ihres Namens, indem sie zugleich einen Schritt näher trat.

„Du bist seit nun zwei Jahren in meinem Dienst," fuhr Mathilde fort. „Du bist ein gutes Mädchen und ich glaube, ich kann Dir unbedingt Vertrauen schenken."

„Ganz gewiß können Sie das, Frau Commer= zienräthin," entgegnete Minette.

Sie war ein kleines schlankes Wesen mit brau= nem Haar und munterem, rundem Gesicht, aus wel= chem die ebenfalls braunen Augen auf eine Weise herausschaueten, welche in der That unbedingt Ver= trauen erwecken mußte.

„Minette," hob die Wittwe des Commerzien= raths wieder an, „Du wirst mir heute Abend einen Dienst leisten, der an und für sich zwar unbedeutend zu sein scheint, wobei ich aber auf Deine unbedingte Verschwiegenheit rechnen muß."

„Das können Sie auch, Frau Commerzienräthin," sagte Minette.

„Nun gut ; ich will auch weiter nicht daran zweifeln, sondern Dir blos noch versichern, daß Du, wenn Du meinen Erwartungen entsprichst, auf meine Erkenntlichkeit und Freigebigkeit rechnen kannst."

Die Zofe gab durch eine ausdrucksvolle Geberde

und Miene zu verstehen, daß es eines solchen Ver=
sprechens bei ihr nicht bedürfe, um sie zur bereit=
willigen Leistung des, wenn auch noch nicht näher
bezeichneten Dienstes und strenger Bewahrung des
Geheimnisses zu veranlassen, welches ihr anvertraut
werden sollte.

Mathilde schien durch diese stumme Erklärung
vollständig befriedigt zu werden und fuhr fort:

„Ich habe einen nahen Verwandten, der durch
allerhand theils selbst verschuldete, theils unverschul=
dete Widerwärtigkeiten so weit herabgekommen ist,
daß ich mich schämen müßte, in Gegenwart von Per=
sonen, die ihn kennen, mit ihm zu sprechen."

„Mein Gott!" sagte Minette und schlug halb
vor Abscheu, halb vor Mitleid die Hände zusammen.

„Er hat," sprach die Commerzienräthin weiter,
„sich mehrere Jahre lang in der weiten Welt — an
welchen Orten weiß ich selbst nicht genau — herum=
getrieben und ist vor einiger Zeit völlig mittellos und
von Allem entblößt hierher zurückgekehrt."

„Der arme Mann!" warf die Dienerin, in wel=
cher jetzt das Mitleid zu überwiegen begann, wie=
der ein.

„Er hat sich heute an mich gewendet, nämlich
schriftlich, denn seine äußere Erscheinung ist höchst=
wahrscheinlich nicht von der Art, daß er sich in ei=

nem Hause, wie dieses hier, persönlich zu präsentiren wagt."

„Er könnte ja Abends kommen, wo ihn Niemand so leicht sieht."

„Das ginge allerdings, wenn er nicht noch andere Rücksichten zu nehmen hätte, die es für ihn sehr wünschenswerth machen, überhaupt, auch auf der Straße, nicht von Jemandem gesehen zu werden, der seine Vergangenheit kennt."

„Ist er denn ein gar so böser Mensch gewesen?"

„Nein, das gerade nicht; er war blos unordent= lich und leichtsinnig."

„Aber das sind ja sehr Viele, die deswegen frank und frei auf der Straße herumlaufen."

„Ja; unglücklicherweise aber hatte sich mein Verwandter in gewisse politische Umtriebe eingelassen, welche —"

„Politische Umtriebe? Was ist das?"

„Wenn ich es Dir auch erklären wollte, so würdest Du es doch nicht verstehen. Es genüge Dir, wenn ich sage, daß er sich mit Dingen befaßt hat, welche von einem großen Theil der Menschheit für völlig er= laubt, ja sogar für rühmlich und lobenswerth gehalten etwran, die aber das Gesetz gleichwohl hart bestraft."

„Ja, dann freilich —"

„Deshalb kann er sich, um mit mir zu sprechen,

hier nicht anders einfinden, als zu einer Stunde, wo er, von dem Schleier der Nacht gedeckt, verhältnißmäßig nur wenigen Personen auf der Straße begegnet."

„Also wohl um die jetzige Zeit?"

„Jetzt noch nicht. In einer Stunde aber wird der Straßenverkehr sich so weit gemindert haben, daß mein Verwandter nichts mehr davon zu fürchten braucht. Ich habe ihm deshalb auf seinen Brief geantwortet, daß er, wenn er sich Schlag zwölf Uhr an der Thür einfinden will, die aus dem Hofraum unseres Hauses in die daranstoßende Seitengasse führt, Einlaß finden soll."

„Und ich soll ihm wohl diese Thür öffnen?"

„Ja, Minette, Du sollst sie ihm öffnen und ihn auch wieder zu derselben hinauslassen. Dies ist der Dienst, den ich von Dir begehre."

„Und den ich Ihnen gern und willig leisten werde, Frau Commerzienräthin. Ich glaubte, es sei etwas weit Schwereres, was Sie von mir verlangen wollten."

„Ich sagte Dir sogleich, daß der Dienst an und für sich unerheblich zu sein scheint. Die Hauptsache dabei ist die Verschwiegenheit, welche Du über diesen Vorgang nicht blos auf einige Zeit, sondern Dein ganzes Leben lang bewahren sollst."

„O fürchten Sie nichts, Frau Commerzienräthin! Was kann es wohl Leichteres geben als Schweigen?"

„Ich wünsche in meinem eben so wie in Deinem eigenen Interesse, daß Du diese Aufgabe so leicht zu lösen findest, wie Du es Dir jetzt vorzustellen scheinst." Mit diesen Worten erhob sich Mathilde, öffnete ein kleines Wandschränkchen, nahm aus demselben einen Schlüssel, der, seinem Aussehen nach zu urtheilen, lange nicht in Gebrauch gewesen zu sein schien, gab ihn der dienstwilligen Zofe und sagte:

„Dies ist der Schlüssel zu der Thür, welche Du kennst. Du hast jetzt noch eine volle Stunde Zeit. Begieb Dich in Dein Zimmer und warte bis Du drei Viertel auf Zwölf schlagen hörst. Dann gehe nicht die Haupttreppe, sondern die unmittelbar in den Hof= raum führende Lauftreppe hinunter, wo Du Dich so= gleich in der Nähe der betreffenden Thür befindest Der Kutscher schläft jedenfalls in seiner am andern Ende des Hofes befindlichen Wohnung und wird wenn Du Deine Sache geschickt machst, nichts hören."

„Ich glaube, er würde nichts hören, selbst wenn ich meine Sache ungeschickt machte. Er ist ein Lang= schläfer, der oft am späten Morgen kaum zu wecken war, wenn er den seligen Herrn Commerzienrath spazierenfahren sollte."

„So wie Du auf der Domkirche die Mitternacht=

ſtunde ſchlagen hörſt, öffneſt Du, ohne erſt auf An=
pochen zu warten, die Thür und mein jedenfalls ſchon
harrender Verwandter wird eintreten."

„Wie ſieht er denn aus? Ich möchte das wohl
wiſſen, damit ich nicht etwa einen Unrechten
einlaſſe."

„Er iſt ein großer ſtarker Mann. Näher kann
ich Dir ſein Aeußeres nicht beſchreiben, denn ich habe
ihn ſeit ſeiner Rückkunft noch nicht wieder geſehen."

„Und ſoll ich ihn dann auch die Lauſtreppe
heraufgeleiten?"

„Ja. Du führſt ihn hierher ir dieſes Zimmer
wo ich ihn erwarten werde, und bleibſt dann draußen
auf dem Corridor, aber in der Nähe der Thür, um
ihn, ſo bald er mich wieder verläßt, auf demſelben Wege
zurückzugeleiten."

„Wird er lange bei Ihnen bleiben, Frau Com=
merzienräthin?"

„Das kann ich nicht genau ſagen, doch glaube
ich, daß er zu dem, was er mir mittheilen will, eine
halbe, höchſtens vielleicht eine ganze Stunde brauchen
wird."

Minette ſchien noch eine Frage thun zu wollen, ihre
Gebieterin aber kam ihr zuvor, indem ſie fortfuhr:

„So, nun haſt Du Deine Inſtructionen. Jetzt
gehe und laß mich allein. Ich wiederhole nochmals,

daß es, wenn Du Alles so thust, wie ich Dir sage, Dein Schaden nicht sein wird."

Und mit einer etwas stolzen Handbewegung be= deutete sie die Dienerin, daß sie für jetzt weiter nichts mit ihr zu sprechen habe, sondern, wie sie schon ge= sagt, allein zu sein wünsche.

Minette kannte das entschiedene Wesen ihrer Ge bieterin zu genau, als daß sie sich erlaubt hätte, einen nochmaligen Versuch zur Fortsetzung des Gesprächs zu machen.

Sie nahm ihren Leuchter vom Tische und entfernte sich damit, um sich in ihr Zimmer zu begeben, welches sich auf der dem Hofe zugekehrten Seite derselben Etage befand.

Sie war außer dem Portier, der in seiner Loge neben dem Haupteingangsthor schlief, die Einzige, welche ihr Schlafzimmer mit in den sonst nur von der Herrschaft bewohnten Räumen hatte.

Das übrige durchaus nicht zahlreiche Dienstper= sonal hatte seine Schlafgemächer in einem Nebenhaus, worin sich auch die Küche und einige andere für das Hauswesen nothwendigen Räumlichkeiten und Einrich= tungen befanden.

Als Minette sich aus dem Zimmer ihrer Herrin entfernt hatte, blieb diese noch eine Weile in Gedanken versunken auf dem Sopha sitzen.

Sie blickte dabei starr und unbeweglich vor sich hin und ihre Augen schienen sich nie wieder schließen zu wollen.

Der Ausdruck ihrer schönen, aber in ihrer düstern Strenge unheimlich berührenden Züge verrieth, daß sie mit Plänen umging, die ihr selbst ungeheuerlich erschienen und an die sie sich gleichsam erst gewöhnen mußte, um ihnen das reifliche Nachdenken widmen zu können, welches die Durchführung derselben unbedingt erheischte:

Endlich schien sie sich völlig klar zu sein.

Mit einer Miene, welche unbeugsame Entschlossenheit kundgab, erhob sie sich, nahm die Lampe vom Tische und ging mit derselben in der Hand, nachdem sie die Seitenthür ihres Zimmers geöffnet, durch die ganze Reihe der Gemächer hindurch, bis sie in das kam, welches das, dem ihrigen entgegengesetzte, äußerste auf der andern Seite des Flügels war.

Hier näherte sie sich einem die eine Ecke des Zimmers einnehmenden Bett, auf welchem ein alter Mann in festem Schlafe zu liegen schien.

Es war aber der letzte und ewige Schlaf, der diesen Erdenpilger umfangen hielt, dessen Züge viel=leicht jetzt im Tode noch mehr als im Leben verriethen, daß die Seele, welche in dieser sterblichen Hülle ge=wohnt, nicht zu der Zahl derer gehört hatte, die

ein gesegnetes Andenken in den Herzen ihrer Zeitge=
noffen hinterlaffen.

Die niedrige ſchmale Stirn, die kurze ſpitzige
Naſe und das hervorragende gekrümmte Kinn wür=
den auch dem Beſchauer, der ſich vielleicht in ſeinem
ganzen Leben nie mit phyſiognomiſchen Studien be=
faßt, auf die Vermuthung gebracht haben, daß er
hier die Leiche eines Mannes vor ſich hätte, der
während ſeines Erdenlebens kein anderes Ziel als
das des unerſättlichen Gelderwerbs vor Augen ge=
habt.

Dieſe Züge waren in Verbindung mit der langen
hagern Geſtalt ſchon im Leben von der Art geweſen,
daß nicht ſo leicht Jemand ſich damit zu befreunden
vermocht hatte, und machten jetzt in der Schroffheit
und Starrheit des Todes natürlich einen noch weit
abſtoßenderen, faſt furchterregenden Eindruck.

Mathilde ſchien ſich jedoch nicht davor zu fürch=
ten, wie denn Furcht überhaupt ihrem Charakter
völlig fremd war.

Die Arme verſchränkend, trat ſie dicht an das
Bett, ſah den Todten lange und unverwandt an und
murmelte dann:

„Da liegſt Du nun, Du alter Mann, dem ich
vier Jahre meines noch jugendlichen Lebens geopfert.
Du wußteſt, daß, als ich meine von warmem Leben

pulſirende Hand in Deine welfe, ſchon halb dem Tode
verfallene, legte, ich dies nur in der Erwartung that,
daß Du mich recht bald durch Dein Abſcheiden zur
Herrin Deines Reichthums machen würdeſt. Du haſt
mich aber lange warten laſſen und nun auch
noch, wie Du mir mit hohnlächelndem Mund
kurz vor Deinem Tode ſelbſt verkündet, meine Hoff=
nungen nur zum kleinen Theile erfüllt. Die
Hauptmaſſe Deines Vermögens ſoll auf einen Bruder,
der ſich in ſeinem ganzen Leben um Dich eben ſo
wenig bekümmert, wie Du Dich um ihn, übergehen
und nur dann, wenn er nicht mehr lebt, mir zu=
fallen."

Sie ſchwieg eine Weile, während welcher ſie ihre
Augen immer noch furchtlos auf das Geſicht des
Todten geheftet hielt.

Dann fuhr ſie fort:

„Nein, ich bin nicht geſonnen, zu warten, bis
es einem alten Narren, der aber noch recht wohl
ſeine zehn bis fünfzehn Jahre leben kann, gefällt,
mich durch ſeinen Tod in den Beſitz deſſen zu ſetzen,
was mir mit Fug und Recht ſchon jetzt gehört. Zum
Glück ſendet mir der Zufall gerade in dieſem Augen=
blicke ein Werkzeug, das, ſo ſtarr und ſpröde es ſich
auch ſonſt zeigte, doch nun, durch die Schläge des

Schicksals mürbe gemacht, sich meinem Willen fügen wird."

Mathilde dachte wieder einige Minuten lang nach und setzte dann hinzu:

„Ich muß thun, als ob ich mich um seinetwillen seiner Hülfe bediente. Er darf nicht wissen, daß er nur das Mittel zu dem Zweck sein soll, den er in seiner dünkelhaften Verblendung nicht sehen wird."

Nachdem die Wittwe des Commerzienraths somit ihr Alleingespräch beendet, warf sie noch einen verächtlichen Blick auf den Todten, ergriff die Lampe und kehrte in ihr Zimmer zurück.

Nach einiger Zeit hörte sie, wie Minettens Thür sich öffnete. Noch eine Viertelstunde verging, dann schlug die Domuhr mit schwer und langsam fallendem Hammer die Mitternachtsstunde und kaum war der letzte der dröhnenden Schläge verhallt, so naheten verstohlene Tritte. Die Thür öffnete sich leise und der Erwartete trat ein.

Fünfzehntes Kapitel.
Musikalisch und nicht musikalisch.

Als Heinrich Hammermeister aus dem ruhigen, langen Schlafe erwachte, in welchen er, als wir ihn in dem Hause seines Freundes, des Landgeistlichen Karl Angermann, verließen, eben sank, war es schon seit länger als zwei Stunden heller lichter Tag.

Im Februar geht die Sonne bekanntlich ungefähr um sieben Uhr auf und es folgt hieraus, daß der Vormittag bei Hammermeister's Erwachen schon weit vorgerückt war.

Zu Hause pflegte Heinrich sich seinem Lager, wenn auch nicht seinem Beit, weit früher zu entreißen.

Sein Bett befand sich nämlich schon seit länger als zwei Jahren in den Händen der Pfandleiherin, die auch einen großen Theil seiner übrigen beweglichen Habe in einer Verwahrung hatte, deren Ende zur Zeit noch nicht abzusehen war.

Nur mit Noth und Mühe war es Charlotte

gelungen, ihr eigenes Bett und das ihres Kindes
vor demselben Schicksal zu retten.

Hammermeister selbst dagegen campirte seit der
eben angegebenen Zeit während der wenigen Nacht=
stunden, die er zu Hause zubrachte, auf einer in der
leeren Bettstelle von ihm selbst bereiteten Schicht
getrockneten Mooses und bediente sich dabei eines
alten, zerrissenen Mantels als Deckbettes.

War es ihm daher schon am Abend vorher
kein kleiner Genuß gewesen, sich in das Bett zu
strecken, welches er in dem ihm angewiesenen Frem=
denzimmer des Gasthofes zu Grünheim vorfand, so
war das Gefühl, womit er von dem noch ungleich
weicheren, schöneren und breiteren im Pfarrhause
von Bleichfurt Besitz nahm, ein noch weit behag=
licheres und wonnigeres.

„Du möchtest Deinen Freund wecken," sagte
Louise zu ihrem Gatten, als sie ihrer Gewohnheit
gemäß sich schon, ehe noch die siebente Morgenstunde
geschlagen, zum Kaffee niedersetzten. „In Rom muß
man es machen wie die Römer und auf dem Lande
wie die Landleute, das heißt früh aufstehen."

„Na, laß ihn nur schlafen, bis er von selbst
kommt," entgegnete Angermann. „Es geht ihm nicht
wie mir, der ich mich nirgends wohler fühle, als
daheim und bei Dir, Louise."

„Aber hat Dein Freund nicht auch seinen eigenen Heerd? Ist er nicht auch vermählt?"

„Ja, wohl hat er seinen eigenen Heerd und wohl ist er auch vermählt, dennoch aber scheint seine Häuslichkeit von der unseren sehr verschieden zu sein."

„Wie so? Er ist wohl sehr arm? Wenigstens habe ich dies schon aus der ärmlichen Kleidung ge= schlossen, in welcher er bei der jetzt noch so rauhen Jahreszeit sich auf eine so weite Fußwanderung ge= macht hat."

„Ja, liebe Louise, das Glück ist ihm, wie er mir selbst mitgetheilt, nicht sehr hold gewesen. Ob= schon von Natur mit den glücklichsten Anlagen ausge= stattet und obschon ihm das Lernen sehr leicht, viel leichter als z. B. mir, geworden, hat er es dennoch nicht verstanden, sich und den Seinigen mit dem, was er gelernt, ein sorgenfreies Leben zu bereiten."

„Abgesehen aber von seiner Kleidung sieht er nicht aus, als ob er Mangel litte."

„Das wird er für seine Person auch nicht. Er wird schon, wenn auch vielleicht dann und wann auf Credit, seinen Hunger und Durst zu befriedigen wissen. Wie es aber mittlerweile daheim mit Frau und Kind stehen mag, das kann man sich unter solchen Umständen leicht denken."

„Die arme Frau! Das arme Kind!" seufzte

Louise. „Wie ungerecht scheint doch das Schicksal zu sein! Wie glücklich wären wir, wenn wir ein Kind hätten und wie reichlich würde bei uns für alle Be= dürfnisse eines solchen kleinen Wesens gesorgt sein, während es dort vielleicht aus Mangel am Noth= wendigsten verkümmert und von seinen armen Eltern als eine Last betrachtet wird!"

„Wir sollen nicht murren!" sagte der junge Geistliche, indem er seiner Gattin die Hand drückte. „Nach menschlicher Berechnung liegt noch eine lange Zukunft vor uns, wir sind kaum erst in die Blüthe des Lebens eingetreten und so manche Hoffnung, die der Mensch in seiner Ungeduld so leicht aufgiebt, kann der Verwirklichung noch entgegenreifen."

Karl Angermann sprach diese Worte mit der Zu= versicht, von welcher ein Mensch beseelt ist, dem alle bange, schwarze Ahnungen fern liegen.

„Nun gut'" hob nach einer kleinen Pause Louise wieder an, indem sie auf den ursprünglichen Gegen= stand des Gesprächs zurückkam, „so wollen wir denn Deinen Freund schlafen lassen so lange er Lust hat. Freilich," setzte sie hinzu, „wenn Ihr noch Euren be= absichtigten Ausflug nach der alten Ruine unterneh= men wollt, so dürft Ihr Euch nicht zu spät auf den Weg machen."

Angermann warf einen Blick durch das Fenster nach dem trüben Morgenhorizont und sagte:

„Das Wetter scheint heute nicht besser zu werden als es gestern war, und wenn es wieder so naß und kalt ist, so muß ich gestehen, daß ich für meine Person auf diese Partie am liebsten verzichte."

„Aber brachtest Du sie nicht selbst in Vorschlag?"

„Ja, das ist wohl wahr, ich setzte aber ausdrücklich dabei voraus, daß das Wetter heute besser sei."

„Vielleicht macht es sich morgen und dann könnte ich auch mitgehen."

„Da hast Du Recht," rief der junge Geistliche. „Das ist eine gute Idee!"

Im Grunde genommen war das Wetter auch heute schon, wiewohl nicht gerade schön, doch nicht so unfreundlich, daß nicht zwei junge, rüstige Männer wie Angermann und Hammermeister eine solche Tour, wie die von Ersterem vorgeschlagene, hätten unternehmen können, ohne Nachtheil für ihre Gesundheit befürchten zu müssen.

Der Gedanke aber, sich, wenn auch nur für einige Stunden, von Louise trennen und sie allein lassen zu sollen, war für ihren Gatten bei ihrem so ununterbrochenen, einsamen Zusammenleben ein so ungewohnter, daß er den Vorschlag, nachdem er den-

selben gemacht, schon auch wieder bereuet hatte, be=
sonders da Louise sofort erklärte, daß der Sonnabend
für sie zu reich an Beschäftigung sei, als daß sie
denselben, wenn auch nur theilweise, zu ihrem Ver=
gnügen verwenden könne.

Als er jetzt dagegen Louise das Project in der
angegebenen Weise modificiren hörte, wendete er sich
demselben in dieser neuen Gestalt sofort mit Eifer
wieder zu und fuhr, nachdem er seine Zustimmung
dazu kurz zu erkennen gegeben, fort:

„Ja, um zehn Uhr ist meine Kirche aus, außer=
gewöhnliche kirchliche Handlungen stehen, soviel ich
bis jetzt weiß, nicht bevor und die Nachmittagsbet=
stunde kann der Schulmeister, wie er ja schon oft
gethan, einmal allein halten."

„Du wirst ihm nur einen Gefallen damit thun,"
bemerkte Louise lächelnd; „er bildet sich allemal nicht
wenig darauf ein, wenn er an Deiner Stelle fungiren
kann."

„Na, dann soll er morgen einmal dieses Ver=
gnügen genießen," sagte Angermann und fuhr dann
fort, mit seiner jugendlichen Gattin das weiter Er=
forderliche über die kleine Expedition zu besprechen,
die einmal einige Abwechselung in das süße Einer=
lei ihrer bescheiden=glücklichen Existenz bringen
sollte.

Dann zog er sich, wie er in der Regel des Vormittags zu thun pflegte, in sein Stubirzimmer zurück, während Louise ihren, wie wir wissen, an diesem Tage besonders dringenden häuslichen Geschäften nachging.

Als Hammermeister endlich erwachte, streckte er sich noch wohl eine Stunde, ohne zu schlafen, in den weichen, warmen Daunenwogen hin und her, bis er sich mit Gewalt denselben entriß.

Als er seinen Freund in dessen Stubirzimmer aufsuchte, um ihm guten Morgen zu wünschen, erfuhr er, welche Abänderung in Bezug auf den projectirten Ausflug verabredet worden.

Natürlich erklärte er sich sofort damit einverstanden.

Ihm konnte es nur erwünscht sein, wenn er auf diese Weise einen Vorwand erhielt, noch einen Tag länger in dem traulichen Pfarrhause und in der bezaubernden Nähe Louisens zu verweilen.

Für heute war dieser letztere Genuß ihm freilich — wenigstens während des eigentlichen Tages — sehr knapp zugemessen.

Louise erschien blos, sobald sie bemerkte, daß ihr Gast sein Schlafgemach verlassen hatte, um ihm seinen Morgenkaffee zu bringen und einige freundliche Worte mit ihm zu wechseln.

Dann entfernte sie sich schleunigst wieder, um ge=
meinschaftlich mit ihren handfesten Mägden in dem haus=
wirthschaftlichen Samstagswerk weiter fortzufahren.

Erst am Abend, nachdem Angermann und
Hammermeister den ganzen Nachmittag auf sich allein
angewiesen gewesen waren und sich die Zeit durch
Reminiscenzen aus ihren Studentenjahren und, nach=
dem sie sich müde geplaudert, durch einige Partien
Schach nach Möglichkeit zu kürzen gesucht hatten,
kam durch Louisens Erscheinen wieder ein neues be=
lebendes Element in die Unterhaltung.

Nach dem eben so einfachen als trefflich munden=
den Abendessen begannen wieder die musikalischen
Productionen.

Der junge Geistliche, welcher abermals das die=
sesmal in seinem Beifall buchstäblich einstimmige
Publikum repräsentirte, konnte sich, als er so seinen
Freund und seine Gattin harmonisch zusammenwir=
ken sah und hörte, nicht des Gedankens erwehren,
daß es vielleicht gut sei, wenn der Besuch des Er=
steren ein baldiges Ende erreiche.

Es soll damit durchaus nicht gesagt sein, daß
auch nur der leiseste Argwohn gegen Louise sich in
ihm geregt hätte, oder daß auch nur der entfernteste
Gedanke an die Möglichkeit einer Untreue gegen ihn
in ihm aufgestiegen wäre.

Er wußte aber, wie gefährlich ein solches Ge=
sangstalent, wie Hammermeister besaß, für Herz und
Gemüth einer Frau sein mußte, die mit allen Reizen
der Jugend und Schönheit begabt, selbst recht wohl
im Stande gewesen wäre, eine Zierde der Bühne
oder des Concertsaals zu werden, wenn sie es nicht
vorgezogen hätte, an der Seite eines geliebten Man=
nes in ruhiger, stiller, von der Welt zurückgezogener
Häuslichkeit das Glück zu genießen, welches selbst der
Beifallsjubel der entzückten Menge und der reichlichste
Ehrensold, womit die gefeierte Künstlerin überschüttet
wird, nicht gewähren können.

Schon oft hatte er es schmerzlich empfunden,
daß ihm selbst von der Natur eine nur höchst unbe=
deutende musikalische Begabung verliehen war.

Er hatte sich, wie schon früher erwähnt worden,
alle mögliche Mühe gegeben, im Pianospiel und im
Gesang einige Fertigkeit zu erlangen.

Selbst aber im erstern, wo auch bei Mangel
an feinerem musikalischen Gehör und Gefühl doch
durch fleißig fortgesetzte Fingerübungen ein nicht un=
bedeutender Grad von Leistungsfähigkeit erlangt wer=
den kann, hatte er es nicht weit zu bringen vermocht.

Ehe er Louise kennen gelernt, hatte er mit der
in der Brust jedes Menschen wohnenden Eigenliebe,
die so leicht in Selbstüberschätzung ausartet, geglaubt,

die Fertigkeit, die er sich angeeignet, sei, was man eine „ganz anständige" zu nennen pflegt.

Als er aber sie, die er jetzt die Seine nannte, zum ersten Male ihre an das Virtuosenhafte streifende Kunst entwickeln sah und hörte, als ihre zarten Hände bald in schaumperlenden Läufern und Trillern und leise verhallendem Piano, bald in wuchtigen Accorden und enggeschlossenem Octavendonner sich ergingen, da strich er im Stillen scheu die Segel und nahm sich fest vor, das Ohr einer solchen Künstlerin durch seine Stümperei nie zu beleidigen.

Mit dem Gesang war er noch schlimmer daran, denn in dieser Kunst kann von dem, welchem die Natur das erste Erforderniß hierzu, die Stimme, versagt hat, auch nicht die niedrigste Sprosse der Leistungsfähigkeit erklommen werden.

Louise wußte, daß er es seinerseits nicht an Anstrengungen hatte fehlen lassen, um das Ziel, nach welchem er in dieser Richtung strebte, zu erreichen.

Freundlich erbot sie sich daher, den geliebten Mann, der in jeder andern Beziehung ihren Gefühlen, Wünschen und Geschmacksrichtungen so vollkommen entsprach, in die Schule zu nehmen und die viele freie Zeit, die ihnen voraussichtlich, wenigstens während der ersten Zeit ihres Ehestands, vergönnt sein mußte, darauf zu verwenden.

Sie hoffte damit, seinen eigenen Wünschen ent=
gegenzukommen, hauptsächlich aber auch, sich an ihm
einen Kunstmitjünger zu erziehen, der den Genuß,
welchen die Musik bietet, durch, wenn auch nicht
ganz ebenbürtige, Mitwirkung zu einem gegenseitigen
und folglich doppelten machen könnte.

Als er aber im Bewußtsein seiner fast auf Null
stehenden Begabung sich entschieden weigerte, von
diesem freundlichen Anerbieten Gebrauch zu machen,
und erklärte, er werde seiner Verlobten und künf=
tigen Gattin nur zwecklose Qual und Mühe verur=
sachen, da drang sie auch nicht weiter in ihn, sondern
begnügte sich mit dem, was sie allein leistete.

Es war daher ganz natürlich, daß sie jetzt, wo
der Zufall ihr auf einmal, wenn auch nur auf kurze
Zeit, einen Kunstgenossen zuführte, der eben so wie
sie in der Sphäre, in welcher sich Beide als Dilet=
tanten bewegten, recht wohl sich zur Meisterschaft
vom Fach hätte emporarbeiten können, diese kurze
Zeit so viel als möglich benutzte, um die von ihr
leidenschaftlich geliebte Musik in einer Weise zur
Geltung zu bringen, welche ihr hier in ihrer Einsam=
keit noch nie möglich gewesen und vielleicht auch nie
wieder möglich ward.

Hammermeister seinerseits ergriff ebenfalls mit

der leidenschaftlichen Haft, die sein ganzes Thun und
Wesen kennzeichnete, die ihm hier gebotene Gelegen=
heit, wieder einmal mit Talenten und Fertigkeiten zu
brilliren, die er daheim in Folge seiner unglücklichen
bedrängten Lage während der letzten Zeit genöthigt
gewesen war, gänzlich brach liegen zu lassen.

Das elegante Piano, welches er bei seiner Ver=
heirathung aus einem Magazin entnommen, war von
dem Eigenthümer, der dafür nie einen Pfennig An=
zahlung oder Miethe zu sehen bekommen, längst
wieder abgeholt worden.

Das „elfenbeinerne Lächeln" eines solchen In=
struments würde ohnehin in der armseligen Umgeb=
ung, worin es sich jetzt in der dumpfen, niedrigen
Wohnung des armen Notars befunden hätte, auch
nur dem höhnischen Grinsen eines schadenfrohen
Dämons geglichen haben.

Und wie hätte Hammermeister trotz seines Leicht=
sinns sich überwinden können, seine Stimme zum von
muntern Accorden begleiteten Gesange zu erheben,
während er nicht wußte, wofür den nächsten Tag
Brod für ihn selbst und die Seinigen herkommen
sollte, deren trübe, hohle Blicke ihn vorwurfsvoll
a nstarrten?

Darum that er sich jetzt ein Gütliches. Jeder
Gedanke an Weib und Kind war für den Augenblick

fern von ihm. Louisens freudige, dankbare Blicke
spornten ihn an, sein Bestes zu leisten, und er ließ
die melodischen Töne seiner Brust mit demselben
Wonnegefühl entquellen, wie die Nachtigall, welche,
langen Gefangenschaft in enger, dumpfiger Finsterniß
entronnen, zum ersten Male wieder in ihrem Element
schwelgend ihr Lied unter lauschenden Baumgipfeln
zum blauen Morgenhimmel emporsteigen läßt.

Dies alles gewahrte der junge Landgeistliche
recht wohl. Er hörte den Productionen, die ihm
nach der Reihe geboten wurden, nicht mehr wie
gestern Abend mit ganzer Seele, sondern mit nur
getheilter Aufmerksamkeit zu, und dachte mit Be=
friedigung daran, daß sein Freund morgen sich wahr=
scheinlich zeitig, von dem Besuche der alten Ruine
ermüdet, zur Ruhe begeben würde, um den nächst=
folgenden Tag mit dem frühen Morgen nach Wal=
denburg zurückzukehren.

Sechstes Kapitel.

Eine überraschende Nachricht.

„Na, da schlag Einer ein Rad!" rief der alte Uhrmacher Martin Schüßler, als er am Sonntag Morgen, gerade so wie wir ihn das erste Mal gesehen, mit seiner Nichte Justine beim Morgenkaffee saß. Als eifriger Leser war er nicht blos bei dem Colporteur der Leihbibliothek, die ihn mit Romanen versorgte, sondern auch auf mehrere Zeitungen abonnirt, um sich immer au courant der Politik zu erhalten.

Wer dergleichen Blätter ganz frisch von der Post bezieht, muß natürlich mehr bezahlen als wer sie erst später, vielleicht gar am zweiten und dritten Tage zum Lesen erhält.

Dieser Unterschied war in Grünheim so bedeutend, daß man, während man im erstern Falle beispielsweise einen Thaler vierteljährlich bezahlte, im letztern mit nur wenigen Groschen wegkam.

Ein Leser, wie unser Freund Schüßler, dem es nicht sowohl darauf ankam, wie b a l d er seine Lectüre erhielt, sondern mehr darauf, daß sie ihm möglichst massenhaft zu Gebote stünde, schlug natürlich den letztern Weg ein.

Unter den Zeitungen, welche ihm so unentbehrlich waren wie das tägliche Brod, befand sich auch der Waldenburger Anzeiger, ein großes Blatt, welches sich aber mit eigentlicher Politik nur nebenbei beschäftigte.

Er theilte davon im Wesentlichen nur Thatsachen mit und gestattete auch diesen nur so viel Raum, als die Gegenstände, welche den Hauptinhalt bildeten, dazu übrig ließen.

Dieser Hauptinhalt bestand in Mittheilungen über städtische Angelegenheiten, wie Verhandlungen zwischen Magistrat und Gemeindevertretern, Rügen öffentlicher Uebelstände, Vorschlägen zu allerhand einzuführenden Verbesserungen und Communalwesen und dergleichen mehr.

Ein zweiter Theil des Hauptinhalts waren die Localnachrichten oder Stadtneuigkeiten.

Diese möglichst vollständig und ausführlich zu bringen, ließ die Redaction des Blattes sich ganz besonders angelegen sein.

Eben so wie die „Times" und andere große eng=

lische Zeitungen ihre Mitarbeiter nach allen Punkten, wo „etwas los" ist, entsenden, um ihren Lesern möglichst genaue und authentische Berichte „by our own Correspondent" auftischen zu können, eben so be= soldete die Redaction des Walbenburger Anzeigers einen alten verbummelten Theologen dafür, daß er sich den ganzen geschlagenen Tag in der weitläufigen volkreichen Stadt umhertrieb, um auf der Straße, in Wirthshäusern, Cafés und andern dergleichen öffent= lichen Localitäten Alles aufzuschnappen, was die Leser des Blattes, für welches er engagirt war, mehr oder weniger interessiren konnte.

Jedesmal, wo er etwas ergattert, begab er sich, da nöthig, zum Beispiel, wenn der Schluß des Blattes nahe bevorstand, per Droschke in das Redactions= bureau, um hier die erbeutete Neuigkeit zu Papier zu bringen und an den Redacteur abzugeben.

Dann kehrte er unverweilt wieder auf den bunten Schauplatz seiner Thätigkeit zurück, denn einen eigent= lichen Feierabend gab es für ihn erst dann, wenn er sich müde und matt von immerwährendem Laufen, Horchen und Spioniren oft erst spät des Nachts in sein Bett legte.

Gerade so schwärmt die fleißige, ewig geschäftige Biene auf Feldern und Fluren umher, sammelt den Blüthenstaub und fliegt, sobald sie volle Labung hat, nach ihrem Stock zurück, um hier ihre „Höschen" abzustreifen und dann wieder auf neues Sammeln auszugehen, bis der Abend sich herabsenkt und ihre Thätigkeit auf einige Stunden unterbricht.

Den dritten Theil des berühmten Blattes, von welchem wir hier sprechen, und zwar zugleich den ein= träglichsten, bildeten die zahlreichen Inserate, die bei dem regen Geschäftsleben einer so bedeutenden Han= dels= und Verkehrsstadt wie Waldenburg ist, täglich mehrere große enggedruckte Folioseiten füllten.

Martin Schüßler kam nur sehr selten nach Waldenburg, seit längeren Jahren war er gar nicht dort gewesen, gleichwohl aber las er den Anzeiger stets mit großer Aufmerksamkeit.

Waldenburg war einmal die nächste große Stadt, welche man von Grünheim aus erreichen konnte; viele Bewohner des letztern Orts waren regelmäßig allwöchentlich ein= oder mehrmal dort, um Geschäfte zu besorgen, und es ward deßhalb Alles, was in der großen Stadt vorging, in der kleinen mit ungewöhn= lichem Interesse besprochen.

Um nun, wenn er Abends beim Glase Bier saß und das Gespräch auf Waldenburger Angelegenheiten oder Vorgänge kam, auch sein gediegenes Wort mit dreingeben zu können, mußte Martin Schüßler, da er diese Vorgänge und Angelegenheiten nicht aus

eigener Anschauung kannte, sich nothwendig durch
Lectüre zu diesen Discussionen befähigen und darauf
vorbereiten.

Gewöhnlich that er dies des Morgens früh beim
Kaffeetrinken, denn Justine brachte, wenn sie die Früh=
stücksfemmeln holte, den Anzeiger regelmäßig gleich
von dem Bäcker mit, der auch zu der Zahl der Leser
des genannten Blattes gehörte.

Die Localnachrichten waren an Wochentagen
das Erste, was Schüßler überflog, um später nach
Tische oder nach dem Feierabend die Lectüre mit der
anderer Blätter nochmals und gründlicher aufzu=
nehmen.

Sonntags jedoch, wo der alte Uhrmacher sich
nach dem Kaffee — ausgenommen, wenn ein unauf=
schiebbares Stück Arbeit vorlag — nicht an seinen
Werktisch setzte, sondern gemächlich herumbummelte,
bis er sich zur Kirche ankleidete, las er, und zwar
ernst und bedächtig, auch den ersten Theil des Blattes
mit.

Auf diese Weise kam es, daß Justine schon im
Begriff stand, sich vom Kaffeetisch zu erheben und
ihren Onkel allein daran sitzen zu lassen, als Letzterer,
der eben jetzt erst bei den „Localnachrichten" ange=
langt war, gleich nachdem er die erste gelesen, das
Blatt aus der Hand fallen ließ, mit der Faust auf

ben Tisch schlug, daß Kanne, Tassen und Zuckerdose
klirrend emporhüpften, und mit dem Ausdruck der
größten Ueberraschung ausrief:

„Na, da schlag' Einer ein Rad!"

„Was ist denn passirt? Was giebt es?" fragte
Justine.

Sie war schon im Begriff gewesen, das Geschirr
abzuräumen, setzte sich aber, durch den Ausruf ihres
Onkels bewogen, halb vor Schrecken, halb vor Neugier wieder fest.

„Da, lies selbst!" sagte Martin Schüßler indem
er das fallengelassene Blatt wieder ergriff und
seiner Nichte über den Tisch hinüberreichte.

Justine nahm es zwar in ihre vor Aufregung
zitternden Hände, war aber nicht im Stande, es
lange zu halten. Die Buchstaben rannten wie ein
Haufen geschreckter Ameisen durch einander und sie
gab es, nachdem sie wiederholt, obschon vergeblich,
ihre Augen darauf geheftet, an ihren Onkel zurück.

„Lies es mir vor, bitte," sagte sie.

„Aus Euch Weibsleuten werden doch im Leben
keine Philosophen," entgegnete der alte Uhrmacher
mit einem gewissen Stolz. „Du weißt noch gar nicht,
worin die Nachricht, die mich so überrascht, besteht
und bist gleichwohl schon ganz aus dem Häuschen,

während ich, der ich sie kenne, mich nun schon wieder vollkommen gefaßt habe."

Und um seiner Nichte gleichsam einen unwider= leglichen Beweis von der Geistesgegenwart, deren er sich soeben gerühmt, zu geben, ergriff er das Blatt und sagte:

„Nun so paß auf und höre, aber mit beiden Ohren."

Dann las er:

„Gestern Abend starb, nachdem er, ohne eigent= lich bettlägerig gewesen zu sein, schon seit beinahe einem Jahre gekränkelt, einer unserer hervorragendsten Mitbürger, der Banquier Commerzienrath Adrian Schüßler, in Firma Adrian Schüßler & Comp., schon seit langen Jahren aber alleiniger Inhaber des Ge= schäfts, welches er erst vor drei Monaten an den Nachfolger verkauft, welcher es unter der zeitherigen, man möchte fast sagen weltbekannten, Firma fort= führt.

„Der Verewigte, der sich aus armem, mittellosem Stande durch Umsicht, Fleiß und Sparsamkeit zum reichen, angesehenen Manne emporgearbeitet, hinter= läßt keine Nachkommen und seine Erbin ist daher seine noch jugendliche Gattin, mit welcher er sich erst vor etwa drei Jahren vermählt, obschon ein an= scheinend aus guter Quelle stammendes Gerücht be=

hauptet, er habe in seinem Testament einen bedeutenden
ja sogar den größten Theil seines, beiläufig auf eine
halbe Million zu schätzenden, Vermögens seinem ein=
zigen, ebenfalls schon bejahrten Bruder vermacht,
der in einem nicht weit von hier entfernten Land=
städtchen in ziemlich beschränkten Verhältnissen leben
soll."

Nachdem Martin Schüßler diesen für ihn so
inhaltschweren Aufsatz vorgelesen, legte er das Blatt
mit ruhiger Miene wieder vor sich auf den Tisch,
sah seine Nichte an und sagte:

„Nun, Justine, wie gefällt Dir das? Was meinst
Du dazu?"

Hatte Justine schon bei den ersten Zeilen des
auf diese Weise zu ihrer Kenntniß gebrachten Auf=
satzes vor Verwunderung, wie man im gemeinen
Leben sagt, Mund und Nase aufgerissen, so ward sie
durch den Schluß geradezu sprachlos gemacht.

Wenn die in den vorgelesenen Worten ihrem
Onkel eröffnete Aussicht, seinen Bruder mit zu be=
erben, sich auch auf ein nur ganz bescheidenes Maß
reducirte und das ihm ausgesetzte Legat vielleicht nur
wenige tausend Thaler betrug, so war schon dies für
die Verhältnisse, in welchen er mit seiner Nichte zu=
sammenlebte, etwas Ungeheures.

Während sie bis jetzt seit so langen Jahren ge=

wohnt gewesen, „aus der Hand in den Mund" zu
leben, und während Beide nie im Entferntesten auch
nur daran gedacht, daß dies jemals anders werden
könne, sollte nun plötzlich noch am Abend ihres Le=
bens eine glückliche Veränderung eintreten, die sie der
Sorge für des Leibes Nahrung und Nothdurft über=
hob und es ihnen möglich machte, nachdem sie ihr
ganzes Leben in angestrengter Thätigkeit zugebracht,
nun auch noch die Freuden des Nichtsthuns kennen
zu lernen!

Wenn nun aber vollends das Gerücht, von
welchem in dem Blatte gesagt ward, daß es aus
guter Quelle stamme, das Gerücht, welchem zufolge
Martin Schüßler nicht blos der Erbe von einigen,
sondern vielmehr von vielen, ja vielleicht von hundert
Tausenden werden sollte, was um Gotteswillen sollte
dann werden?

Als dieser letzte Gedanke das Hirn der armen
Justine durchwühlte, ward es ihr, als müßte sie ver=
gehen, und sie lehnte sich, die Augen schließend, in
ihrem Stuhl zurück, während ihre spitzige Nase
kreideweiß ward.

„Na, Justine," sagte der alte Uhrmacher, „spiele
nur auf Deine alten Tage keine Komödie; dazu bist
Du zu ungeschickt und zu vernünftig."

„Aber, Onkel —"

Indem Justine diese Worte stammelte, versuchte sie dem Beispiele, welches ihr ihr alter Verwandter gab, zu folgen und eben so standhaft zu sein wie er. Dies gelang ihr aber nicht.

Es kam ihr, als sie die Augen aufschlug und einen Blick um sich zu werfen suchte, vor, als wären die früher einfach blaugetünchten, jetzt ziemlich verrußten Wände des alten traulichen Zimmers mit blankem Goldlack überstrichen; die trüben Fensterscheiben waren durch Spiegelglas ersetzt und statt der schlichten Gardinen von ordinärem Mull rauschten schwere Draperien von dunkelrothem Sammet mit goldenen Fransen herab.

Ein solcher Anblick war für Justinens alte Augen zu blendend und sie schloß dieselben wieder, obschon das Kreideweiß ihrer Nase allmählich in ein liebliches mattes Rosa überging.

Diese letztere Erscheinung beruhigte den alten Uhrmacher über den Zustand seiner Nichte, der ihm anfangs doch einige Befürchtungen eingeflößt, wieder vollständig.

Er glaubte sogar nun, daß er sich nicht zu scheuen brauche, eine kleine Parforcekur in Anwendung zu bringen, um dieser ihn störenden Komödie, wie er es nannte, von seiten Justinens ein Ende zu machen. Er erhob sich deshalb von seinem Stuhle, ging um den Tisch herum, faßte Justine an beiden Schultern und schüttelte sie so nachdrücklich, daß der falsche Zopf, den sie schon zur Kirchenparade mit geschickter Hand unter dem nur noch spärlichen, ächten Haar auf ihrem ehrwürdigen Haupte befestigt, losschnellte, herunterfiel und wie ein todter Fisch auf dem trockenen Sand des alten Fußteppichs liegen blieb.

Dieses kleine Mißgeschick trug mehr als irgend etwas Anderes dazu bei, Justinens Visionen und Hallucinationen zu verscheuchen.

Sie riß sofort die Augen weit auf und das Zimmer erschien ihr auf einmal wieder ganz so, wie es seit langen Jahren gewesen.

Rasch fuhr sie sich dann mit der Hand nach dem Kopfe und rief, indem sie sich von dem Verlust ihres geborgten Hauptschmuckes überzeugte:

„Was ist das für Unsinn, Onkel! Wo ist mein Zopf?"

„Beruhige Dich, liebe Justine," entgegnete der alte Uhrmacher lachend; „er liegt noch innerhalb der Grenzen des deutschen Vaterlandes."

Indem er dies sagte, ergriff er einen auf dem Tische stehenden leeren Teller, bückte sich, hob den Zopf auf, legte ihn auf den Teller und überreichte ihn seiner Nichte mit einer ironisch=ritterlichen Grazie, die jeden Zuschauer unwiderstehlich zum Gelächter gereizt haben würde.

Selbst Justine konnte sich troß dem abnormen Zustande, in welchem ihre Gefühle sich befanden, diesem komischen Eindruck nicht ganz verschließen.

Sie lächelte, nahm den Zopf vom Teller und sagte:

„Du bist und bleibst ein Läppsch, Onkel, und wenn Du hundert Jahre alt würdest."

Der von Justine gebrauchte Ausdruck war eigent= lich nicht von der Art, daß er im Munde einer Nichte dem Onkel gegenüber statthaft gewesen wäre.

Wir wissen aber, daß dieser Verwandtschafts= grab hier in zwei Exemplaren repräsentirt ward, welche in Bezug auf die Stufe der Lebensjahre füg= lich für Bruder und Schwester gelten konnten.

Hierzu kam, daß Martin Schüßler sich durch ähnliche Possen, wie die, welche wir soeben mit an= gesehen, seines Rechts auf Respect und Gehorsam schon längst, wenigstens zum Theil, begeben hatte.

Er nahm daher das ihm ertheilte Prädikat, welches bekanntlich mit „Hanswurst", „Possenreißer" und dergleichen auf einer Linie steht, weiter nicht übel, ebenso wie er es schon verschiedene Male nicht übel genommen hatte, obschon er in der Regel nicht vergaß, sich bei der kecken Nichte dafür gelegentlich abzufinden.

Heute aber lag ihm der Gedanke selbst an späte, gelegentliche Rache fern.

Wie hätte er wegen einer unehrerbietigen Aeußerung, die er ja selbst erst hervorgerufen, an einem Tage zürnen können, wo ihm soeben die Morgenröthe einer schönern Zukunft aufgegangen war?

Freilich konnte er von seinem Standpunkt aus noch nicht bemessen, ob diese scheinbare Morgenröthe eine wirkliche Vorläuferin des Sonnenaufgangs sei, oder ob sie sich als ein trügerisches Phantom erweisen und ebenso rasch, wie sie aufgetaucht, wieder verschwinden würde.

Aber auch die Hoffnung ist schön und wenn man auch nicht die Gewißheit hat, daß die Erwartungen, die man hegt, sich vollständig verwirklichen, so ist man doch in solchen Augenblicken weit mehr als sonst geneigt, Nachsicht gegen Andere zu üben und sich seiner freudigen Erregung hinzugeben.

Dies war auch mit Martin Schüßler, seiner Nichte gegenüber, der Fall.

„Na, nur nicht zu vorlaut!" sagte er lachend. „Was meinst Du zu der großen Neuigkeit, die ich Dir da vorgelesen habe?"

„Ach, Onkel," sagte Justine, „wenn das wahr

wäre! Welch' ein Glück für uns auf unsere alten
Tage!"

Indem sie dies sagte, erhob sie sich, um den
losgegangenen Zopf vor dem Spiegel wieder an dem
geeigneten Platze zu befestigen.

Die Eitelkeit der Frauen verleugnet sich in keiner
Lage des menschlichen Lebens, in der traurigsten eben=
sowenig, wie in der freudigsten, und wenn plötzlich
die Posaunen des jüngsten Tages ertönten, würde
eine jede rasch ihre Toillette mustern, um sich zu
überzeugen, ob sie auch in dieser Beziehung würdig
sei, vor den Schranken des Weltgerichts zu erscheinen.

„Ach, mein Himmel!" sagte Justine, nachdem sie
drei oder vier Mal vergeblich versucht hatte, mit
einer Verrichtung zu Stande zu kommen, die sie doch
schon so viele hundert Mal bewirkt; „ich kann noch
immer kein Glied still halten!"

Und indem sie dies sagte, sank sie verzweiflungs=
voll auf den in der Nähe des Spiegels stehenden
Stuhl und hielt den falschen Zopf zwischen den ihrem
Willen noch nicht wieder fügsam gewordenen Händen.

„Du bist eine Närrin, Justine," sagte Martin
Schüßler.

Er betrachtete dabei seine Nichte mit dem stolz=
mitleidigen Lächeln, womit der Mann von Charakter
und Grundsätzen auf schwache Menschenkinder herab=

sieht, die sich von äußeren Eindrücken hin und her bewegen lassen, wie haltlose Binsen vom Wind.

Mit Selbstgefühl setzte er dann hinzu:

„Ich bin für die Hoffnung, welche diese Nach= richt nothwendig anregen muß, ebenso empfänglich als Du, aber von kein Glied stillhalten können, davon ist bei mir keine Rede."

„Das weißt Du vielleicht selbst nicht, Onkel."

„Wie so?"

„Nun, ich meine, wenn jetzt Jemand hereinkäme und von Dir eine Reparatur an seiner Uhr ver= langte, so würdest Du dazu ebensowenig fähig sein, als ich jetzt im Stande bin, meinen Zopf festzustecken."

„O, das wäre nicht gut!" rief Martin Schüßler mit stolzem Selbstvertrauen, „und wäre die Repara= tur eine noch so feine und schwierige, so würde —"

Er konnte nicht ausreden, denn in diesem Augen= blick ward zu seiner und Justinens abermaliger Ueber= raschung an die Thür gepocht.

Siebenzehntes Kapitel.

Das zerbrochene Uhrglas.

Der alte Uhrmacher und seine Nichte hatten in ihrer Aufregung, welche sie Alles, was nicht sie selbst oder ihre unmittelbare Umgebung betraf, vergessen ließ, nicht bemerkt, daß, ebenso wie vor zwei Tagen, auch heute ein Fremder unter dem Thorweg des auf der andern Seite des Marktes liegenden Gasthofes stand und sein Augenmerk auf die Fenster zu richten schien, an deren einem die dahinter hängenden Taschen= uhren das Gewerbe dessen verkündeten, der in dem Erdgeschoß dieses Hauses seinen Wohnsitz hatte.

Der Fremde war ebenso wie jener erste, welcher sich, wie wir wissen, als der Notar und Advokat Heinrich Hammermeister entpuppte, ein stattlicher, großer Mann und ungefähr von gleichem Alter.

Dennoch waltete in seiner äußeren Erscheinung im Gegensatz zu der des Genannten ein großer Unter= schied ob.

Wir haben gesehen, daß Heinrich Hammermeister trotz der rauhen, naßkalten Witterung nur leicht bekleidet war und daß er überhaupt den Eindruck eines Mannes von beschränkten Mitteln machte.

Der Fremde dagegen, welcher an diesem Sonntagmorgen unter der Thür des einzigen Gasthauses von Grünheim stand und seine Blicke mit spöttischem Ausdruck über den einsamen, kleinen Hauptplatz des bescheidenen Landstädtchens schweifen ließ, schien einer Classe anzugehören, welche von der Armuth durch eine weite Kluft getrennt ist.

Er trug einen feinen schwarzen Anzug und darüber einen gewaltigen, langen Ueberrock, dessen Stoff von der Art war, daß die wehende, rauhe Luft nicht so leicht hätte durchdringen können, auch wenn er nicht noch inwendig mit einer starken Schicht Watte und festem, seidenem, schön und regelmäßig gestepptem Futter ausgestattet gewesen wäre.

Auf dem Kopfe trug der Fremde eine feine runde Pelzmütze ohne Schirm, so wie man zuweilen bei Rittergutsbesitzern und Oekonomen sieht, welche, der Bequemlichkeit und Zweckmäßigkeit den Vorzug gebend, wenigstens im Winter den harten, kalten Cylinderhut lieber mit einer solchen, sich für die Jahreszeit besser eignenden, Kopfbedeckung vertauschen.

An den Füßen trug der Fremde sehr blanke Stiefel mit starken Doppelsohlen, die, wenn man die Farbe derselben hätte sehen können, verrathen haben würden, daß sie noch fast ganz neu waren und mit dem nassen und schmutzigen Erdboden nur erst sehr geringe Bekanntschaft gemacht haben konnten.

Auch die übrige Kleidung des Mannes sah wie völlig neu aus. Für älter, aber gut gehalten, konnte man sie nicht ansehen, denn in diesem Falle wäre sie nicht von so modernem Schnitt und so der neuesten Façon entsprechend gewesen, wie sie eben war.

Das Gesicht des Fremden stand mit seiner übrigen Erscheinung ein wenig in Widerspruch.

Während letztere auf Behäbigkeit und Wohlhabenheit, wo nicht Reichthum, schließen ließ, lag in den schwarzen Augen, die über der langgebogenen Nase und blassen, fahlen Wange unter dickbuschigen Brauen unstät hin= und herrollten, ein Ausdruck, den man sonst bei Leuten wohlhabenden Standes nur selten findet.

Weit eher und häufiger trifft man denselben bei Persönlichkeiten an, die nicht blos verzehrenden Leidenschaften huldigen, sondern auch mit Mangel und Entbehrung in dieser oder jener Gestalt zu kämpfen haben.

Daß von Letzterem aber bei dem Manne, mit

welchem wir es hier zu thun haben, keine Rede sein
konnte, ging, abgesehen von seiner schönen Kleidung,
noch fernerweit aus dem Umstand hervor, daß er,
nachdem er eine Weile so dagestanden, die Hände aus
den geräumigen Taschen seines Ueberrocks zog, sich
des einen seiner braunen, starkledernen Handschuhe
entledigte, den Rock aufknöpfte und aus der Tasche
seiner dunkelfarbigen Plüschweste eine schöne goldene
Uhr zog, die mittelst einer ebenfalls goldenen, starken Ha-
kenkette an einem Knopfloche der Weste befestigt war.

In diesem Augenblick näherte sich der Wirth,
der, vom Hofe hereinkommend, seinen Gast unter dem
Thore stehen sah und es natürlich für seine Pflicht
hielt, ihn mit einigen passenden oder unpassenden
Worten zu begrüßen.

Der Fremde war gestern Abend erst spät mit
einem Miethfuhrwerk angekommen, welches gleich,
nachdem er ausgestiegen, ohne auszuspannen, oder
zu füttern, wieder Kehrt gemacht und das Städtchen
verlassen hatte.

Er hatte dann in ziemlich barschem Tone ein
gutes Zimmer verlangt und sich trotz der schon vorgerückten Stunde ein warmes Abendessen bereiten
lassen, wozu er eine Flasche von dem besten Wein
getrunken, welchen der Keller des kleinen Gasthauses
zu liefern vermochte.

Der Wirth wußte nicht recht, was er aus diesem Gast machen, oder wie er ihn classificiren sollte.

Jedenfalls hielt er es für gerathen, einem Gast, der so herrisch auftrat, aber dabei eine so gute Zeche machte, ein wenig, wie man zu sagen pflegt, „um den Bart herumzugehen."

Nachdem er ihm daher jetzt so höflich, als einem Manne, der mehr Landwirth als Hôtelier ist, mög= lich wird, guten Morgen gewünscht, sagte er, als er bemerkte, was der Fremde in den Händen hielt:

„Himmeldonnerwetter, haben Sie da eine schöne Uhr!"

„Ach ja," sagte der Fremde, nachdem er den Gruß des Wirths kurz und nachlässig erwidert, „der alte Klapperkasten ist nicht ganz schlecht."

„Das muß wirklich ein steinreicher Mann sein," dachte der Gastwirth bei sich selbst. „Schockschwere= noth, eine so schöne, goldene Uhr einen Klapperkasten zu nennen! Ich glaube, in ganz Grünheim hat Nie= mand eine solche."

Laut setzte er sodann hinzu:

„Diese Uhr ist nicht nur schön, sondern geht auch wahrscheinlich verflucht gut."

„Wenigstens besser als Eure elende Thurmuhr," entgegnete der Fremde mit einem verächtlichen Blick nach dem Zifferblatt, welches, von dem alten Thurm

15*

der Stadtkirche herabschauend, mit seinen verwitter=
ten Zahlen und geschwärzten Zeigern den Bewohnern
von Grünheim die Norm für die Zeitmessung angab.

„Sie meinen unsere Thurmuhr ginge nicht rich=
tig?" sagte der Gastwirth, den die Bemerkung des
Fremden ein wenig ärgerte. „Da müßte der Teufel
drin sitzen."

„Das ist wohl möglich; ein Astronom, der sich
auf die richtige Zeit versteht oder ein geschickter Uhr=
macher, der eine Uhr richtig zu stellen weiß, sitzt auf
alle Fälle nicht drin."

„Ei Himmelsackerment!" rief der Gastwirth, bei
welchem, obschon er ein grundguter Kerl war, fast
das dritte Wort ein Fluch sein mußte, „wenn das
unser alter Schüßler hörte!"

„Wer ist der alte Schüßler?"

„Unser Uhrmacher, ein armes, altes Luder, der
auch die Rathhaus= und Thurmuhr mit besorgt."

„Dann kann mir die Rathhaus= und Thurmuhr
sehr leid thun. Wie ich sehe, ist es an letzterer schon
halb, während es doch nach der richtigen Zeit erst
drei Minuten über ein Viertel ist."

Der Gastwirth wollte sich erlauben, einen kleinen
Zweifel an den richtigen Gang der Uhr seines Gastes
auszusprechen; dieser ließ ihn aber nicht zu Worte
kommen, sondern wiederholte:

„Es ist drei Minuten über ein Viertel — da gebe ich auch keinen Point nach!"

Und als ob auf die Feststellung dieser angeb= lichen Differenz ungeheuer viel ankäme, schlug der Fremde, indem er die Uhr in der einen entblößten Hand hielt, mit der Andern noch beschuheten so nach= drücklich darauf, daß das Glas in mehrere Scherben sprang und klirrend auf das Steinpflaster der Haus= flur herabfiel.

„Aber Himmelkreuzmohrenmordsackerment!" schrie der Gastwirth erschrocken. „Was machen Sie denn da? Die schöne Uhr! das schöne Glas!"

„Na, das ist noch lange kein Unglück," entgeg= nete der Besitzer der beschädigten Uhr, indem er es dem höflichen Flucher überließ, die Scherben des Glases zusammenzusuchen. „Wenn jeder Schaden so leicht zu heilen wäre wie dieser, so wäre es gut. Wo wohnt der Kerl von Uhrmacher?"

„Gleich da drüben, mein verehrter Herr," sagte der Gastwirth und legte die aufgehobenen Glasscher= scherben behutsam auf eine in der Nähe stehende Kiste. „Soll ich ihn vielleicht herüberholen lassen?"

„Nein, ich werde selbst gehen und ihm bei die= ser Gelegenheit sein lüderliches Stellen der Thurm= uhr gleich mit unter die Nase reiben."

, Und ohne weiter auf eine Bemerkung des Wirths

zu warten, schritt der Fremde, die Uhr in der Hand behaltend, über den Markt hinüber nach Schüßler's Wohnung.

Wir wissen, in welcher bei ihnen noch nicht dagewesenen Aufregung der alte Uhrmacher und seine Nichte sich gerade in diesem Augenblick befanden. Deshalb ist es uns sehr erklärlich, daß sie von der Annäherung des Fremden nicht eher etwas bemerkten, als bis derselbe an die Thür ihres Zimmers pochte.

„Herein!" rief Martin Schüßler, dessen Harthörigkeit wie auf einen Zauberschlag verschwunden zu sein schien.

Justine, die mit dem Wiederbefestigen ihres falschen Zopfes immer noch nicht zu Stande gekommen war, barg denselben rasch unter der Schürze und zog sich, weil sie sich auch übrigens noch nicht präsentabel gemacht, in ihr Schlafgemach zurück, dessen Thür aber sie, um hübsch Alles hören zu können, ein wenig offen ließ.

Der Fremde trat ein, wünschte guten Morgen und sagte:

„Ich habe mein Uhrglas zerbrochen. Kann ich vielleicht bei Ihnen ein neues eingesetzt bekommen?"

„Jawohl, mit dem größten Vergnügen," entgegnete der Uhrmacher, welcher nicht geglaubt hatte, daß die Ruhe, deren er sich gerühmt, so bald auf

die Probe gestellt werden würde. „Wollen Sie mir
gefälligst Ihre Uhr geben und einstweilen Platz
nehmen?"

Der Unbekannte machte den Haken der Uhrkette
aus dem Knopfloch seiner Weste los, gab die Uhr
hin und setzte sich dann auf den ihm präsentirten
Stuhl.

Martin Schüßler öffnete den Kasten seines Werk
tisches, um ein passendes Glas herauszusuchen, und
bemerkte dabei, daß seine Hände doch ein wenig
zitterten.

Ja, er legte in seiner Zerstreutheit sogar das
Packet, welches die richtige Nummer Uhrgläser enthielt, mehrmals wieder aus der Hand, ehe er sich
ordentlich besann.

Er war froh, daß Justine ihm nicht zusah, und
noch froher, daß die Reparatur blos im Einschrau-
ben eines neuen Glases bestand. Wäre am Werke
selbst etwas zu thun gewesen, so hätte er es für den
Augenblick schwerlich zu Stande gebracht.

Der Fremde ließ, während Martin Schüßler
auf diese Weise beschäftigt war, seinen Falkenblick
im Zimmer umherschweifen, und als er dann auf
dem dicht neben ihm stehenden Tisch die verhängnißvolle Nummer des Waldenburger Anzeigers liegen

faß, ergriff er dieselbe, wie um sich einstweilen die Zeit damit zu vertreiben.

Sein Auge fiel sogleich auf den kleinen Artikel über den Tod des reichen Banquiers, und er murmelte leise:

„Verdammt! Also weiß er es schon."

„Sie sind wohl auf der Durchreise begriffen, mein Herr?" fragte der Uhrmacher, als er endlich das passende Glas gefunden.

„Nein, das gerade nicht," entgegnete der Fremde. „Ich bin gestern Abend hier angekommen um wegen des Ankaufs eines Guts mit Jemandem heute hier eine Besprechung zu haben. Dieser Jemand ist aber noch nicht da und hatte mir allerdings auch geschrieben, daß er nicht genau bestimmen könne, ob er heute kommen würde oder morgen."

„Nun, dann werden Sie jedenfalls nicht lange zu warten haben."

„Das wohl, aber wie soll ich in diesem langweiligen Neste den Tag hinbringen."

„Ja, das ist freilich eine schwer zu beantwortende Frage. Sind Sie vielleicht ein Freund von Lectüre?"

„Vom Bücherlesen, meinen Sie wohl? Nein, das hängt mir zum Hals heraus."

„Dann wird Ihnen nichts weiter übrig bleiben,

als spazieren zu gehen," bemerkte der Uhrmacher. „Das Wetter scheint heute, nachdem es die ganze Woche schlecht gewesen, schön zu werden und unsere Umgegend ist gar nicht übel."

„Aber so allein herumzustrolchen ist auch ein trauriges Vergnügen," sagte der Fremde.

Martin Schüßler schwieg einige Sekunden, denn das Glas, welches seinen Fingern mehrmals entfallen war, schnappte eben in den Falz. Er wischte es dann sauber auf beiden Seiten ab, schloß die Uhr und gab sie an den Fremden zurück, indem er sagte:

„Wenn Ihnen mit meiner geringen Gesellschaft gedient wäre und Sie mich gleich nach Tische — so etwa halb Eins — abholen wollten, so würde ich es mir zum Vergnügen machen, Ihnen einige der schönstgelegenen Punkte unserer Landschaft zu zeigen."

„Dieses Anerbieten kommt mir sehr erwünscht," entgegnete der Fremde mit einer freundlichen Miene, durch welche gleichwohl sein stechender Blick nicht milder gemacht ward. „Ich halte Sie aber doch nicht von Etwas ab?" setzte er hinzu.

„Nein, durchaus nicht; grarbeitet wird Sonntags, wenn es nicht sein muß, bei mir nicht und wenn das Glück gut geht, so habe ich es künftig vielleicht auch an Wochentagen nicht mehr nöthig."

Der alte Uhrmacher bereuete fast diese vorlauten

Worte, die er gesprochen, denn er gab dadurch dem Fremden gewissermaßen das Recht, ihn zu fragen, worauf er diese angenehme Hoffnung gründe.

Der Unbekannte sagte jedoch seltsamerweise hier= auf nichts, sondern fragte blos, was er für das Glas schuldig sei.

Martin Schüßler nannte den natürlich nur wenige Groschen ausmachenden Betrag.

Der Fremde zog eine wohlgefüllte Börse, die er mit einer gewissen Ostentation theilweise auf den Tisch ausschüttete, um unter Gold= und großen Silber= münzen hervor die von dem Uhrmacher geforderte Kleinigkeit zu suchen.

Dann warf er, nachdem er letztere dem Uhr= macher hingeschoben, das übrige Geld wieder in den grünseidenen Beutel, steckte denselben in die Tasche, erhob sich und sagte:

„Nun denn auf Wiedersehen. Punkt halb Eins hole ich Sie ab."

„Ich werde mich bereit halten," antwortete Mar= tin Schüßler und geleitete den Fremden höflich hinaus.

Als er wieder in's Zimmer trat, stand Justine in der Mitte desselben und sah durch das Fenster dem Fremden nach, welcher mit gravitätischen, lang= samen Schritten wieder über den Markt hinüber in das Gasthaus zurückkehrte.

„Aber, Onkel," sagte sie, „wie kannst Du nur so leichtsinnig sein, Dich einem solchen unbekannten Menschen zum Begleiter und Führer anzubieten?"

„Warum soll ich denn das nicht?" entgegnete der harmlose Alte. „Wenn ich den Mann auch nicht kenne, so sehe ich ihm doch an, daß er einer ist, der jedenfalls mehr in die Milch zu brocken hat, als wir — wenigstens zur Zeit noch," setzte er an die in Aussicht stehende Erbschaft denkend hinzu.

„Aber sein Gesicht gefällt mir nicht."

„Das hast Du ja von Deinem Alkoven aus gar nicht sehen können."

„Oh, ich hab' es in dem Spiegel dort ganz ge= nau gesehen und versichere Dir, daß es kein gutes ist. Meinetwegen aber mache, was Du willst, denn auf mich hörst Du doch nicht."

Und mit diesen Worten kehrte Justine, welche, während sie den Fremden beobachtet, zugleich den Zopf glücklich wieder befestigt, in ihr Schlafgemach zurück, um sich vollends zur Kirche fertig anzukleiden.

Achtzehntes Kapitel.

In der alten Ruine.

Die Sonntagsglocken läuteten fröhlich zur Kirche. Der Himmel war hell und heiter, wie er seit langer Zeit nicht gewesen, und nicht blos in Grünheim, sondern auch in dem etwa anderthalb Stunden davon entlegenen Dorfe Bleichfurt begaben sich die Bewohner zahlreich zum Gottesdienste.

Der junge Pfarrer des letztgenannten Orts, unser Freund Karl Angermann, war ein ausgezeichneter Kanzelredner, so wie seine kleine Gemeinde noch nie einen besessen.

Man fürchtete daher auch fortwährend, ihn bald zu einer besseren Stelle in einem größeren Ort berufen zu sehen und auf diese Weise seiner verlustig zu gehen.

Mit echter Bauernklugheit verfiel man, um dies zu verhüten, auf das originelle Mittel, daß man jedem Gemeindemitgliebe zur Pflicht machte, überall wohin es käme, sei es nun in andern Dörfern oder in den nächstgelegenen Städten, sobald man von dem

Bleichfurter Paſtor ſpräche, denſelben recht gründlich herunterzumachen.

Die Abſicht war natürlich die, andern Gemein= den keinen Appetit nach dieſem ſchmackhaften Biſſen von Pfarrer zu machen, ſondern ihn ungeſtört und ungefährdet möglichſt lange allein genießen zu können.

Es iſt möglich, daß dieſe ſchlaue Politik ſich be= währt hätte und Angermann auf lange Zeit hinaus im Beſitz ſeiner jetzigen lieben Gemeinde geblieben . wäre, wenn ſich nicht Umſtände ereignet hätten, welche bewieſen, daß es mit der Vorausſicht nicht blos der weiſeſten und erfahrenſten Menſchen, ſon= dern auch ſogar der Bleichfurter Bauern, beim Lichte beſehen, nichts iſt.

Heinrich Hammerſtein ſaß in der einzigen Ka= pelle der Kirche neben Louiſe.

So geiſtvoll und beredt der Vortrag ſeines Freundes auch war, ſo konnte der Gaſt ſich doch nicht überwinden, ihm ſeine ungetheilte Aufmerkſam= keit zu ſchenken.

Seine Blicke und Gedanken hatten fortwährend ein Ziel und dieſes war ſeine holdſelige Nachbarin.

Auch dieſe folgte heute den Worten, welchen ſie ſonſt mit liebender Innigkeit lauſchte, nicht mit der gewohnten Aufmerkſamkeit.

Auch ſie konnte nicht umhin, fortwährend an

den jetzt neben ihr sitzenden Mann zu denken, der in
so hohem Grade die Talente und Fertigkeiten besaß,
welche sie an ihrem Gatten so schmerzlich vermißte.

Gegen zehn Uhr war der Gottesdienst aus und
Louise beeilte sich, sobald man aus der Kirche in das
Pfarrhaus zurückgekehrt war, ihre Toilette zu wech=
seln und sich so zu kleiden, wie es für eine solche
halb Winter-, halb Frühlingspromenade räthlich und
angemessen erschien.

Angermann hatte schon beim Beginn der Früh=
kirche seinem Cantor und Schulmeister die wegen
Abhaltung der Nachmittagsbetstunde nöthigen In=
structionen ertheilt und folglich vor der Hand nichts
weiter zu besorgen.

Hammermeister hatte seinerseits keinerlei Voran=
anstalten zu treffen gehabt und stellte sich daher seinen
Freunden zur Disposition, sobald es ihnen belieben
würde, aufzubrechen.

Es ging damit nicht so rasch als man gehofft
hatte.

Dem von Angermann entworfenen Programm
gemäß wollte man erst einen weiten Umweg durch
mehrere romantisch gelegene Thäler machen, dann
die Höhe, auf welcher die alte Ruine stand, er=
steigen und in einem noch sehr wohl erhaltenen
Thurme, in dessen oberen Stockwerk ein steinerner

Tisch mit Bänken angebracht war, ein kleines Mit=
tagsmahl einnehmen.

Die Sonne schien überaus mild und warm,
am Himmel war bald kein Wölkchen mehr zu sehen
und man konnte einen jener schönen fast an den
Sommer erinnernden Tage erwarten, die um diese
Zeit zuweilen eintreten und in den Herzen der Men=
schen Hoffnungen erwecken, die dann durch wieder=
eintretende Kälte mit Schnee, Frost und allen andern
Annehmlichkeiten des schon überwunden geglaubten
Winters bitter getäuscht werden.

Eine Speise= oder Schankwirthschaft gab es
natürlich in der einsamen, abgelegenen Ruine nicht
und wer in derselben seinen Hunger oder Durst stil=
len wollte, mußte sich gefälligst selbst etwas mit=
bringen.

Deshalb schnitt Louise, nachdem sie sich zu dem
Ausflug angekleidet, mit Hülfe einer ihrer Mägde
eine tüchtige Anzahl Butterbröde mit dem erforder=
lichen Zubehör von Wurst, Schinken und kaltem
Braten, machte davon mehrere sauber in Papier
gehüllte Packete und füllte mit denselben sowie mit
zwei aus dem Keller heraufgeholten Flaschen Wein
zwei jener bekannten Umhängetaschen, deren sich
Fußtouristen auf dergleichen Excursionen zu bedienen
pflegen.

Von diesen beiden Taschen warf Angermannn die eine und Hammermeister die andere über die Schulter und Louise hing sich ein Körbchen, worin sich Messer, Gabeln, Gewürz, ein paar kleine Gläser und einige andere zu der beabsichtigten offenen Tafel erforder= liche Kleinigkeiten befanden, an den linken Arm, wäh= rend sie in die rechte Hand ihren Sonnenschirm nahm, welcher wahrscheinlich nicht wenig überrascht war, schon zu so ungewohnter Zeit aus seinem Winterschlafe aufgerüttelt zu werden.

So machte die kleine Gesellschaft sich auf den Weg.

Der Anfang desselben führte durch einen Theil des Dorfs und die Bauerweiber, von welchen einige schon in der Kirche den fremden Mann gesehen und sein vertrauliches Geplauder mit Louisen während des Gesanges sehr mißfällig wahrgenommen, schüt= telten bedenklich die Köpfe und meinten, zum Spazieren= gehen werde es nach der Nachmittagsbetstünde wohl auch noch Zeit sein und es schicke sich für den Herrn Pastor und seine junge Frau durchaus nicht, der Gemeinde mit einem so übeln Beispiel voranzugehen.

Angermann bemerkte, während er grüßend an den Wohnungen der seiner Pflege und Obhut anver= trauten ländlichen Seelen vorüberging, diese mißbil= ligenden Blicke recht wohl.

Er lächelte aber dazu.

Er wußte recht wohl, daß er deswegen nichts
Ernstes zu befürchten hatte und daß er blos wieder
eine seiner beredten schwungvollen Predigten zu halten
brauchte, um Alles, was man gegen ihn hatte, wieder
vergessen zu machen.

Dennoch war er froh, als man das letzte Haus
von Bleichfurt im Rücken hatte und sich nun unge=
hindert der heitern Stimmung hingeben konnte, welche
in Folge des schönen warmen Sonnenscheins, der
herrlichen reinen Luft und der ermunternden Bewegung
in sämmtlichen drei Theilnehmern der kleinen Excursion
sich zu entwickeln begann.

Diese Stimmung ward bald eine so gehobene,
daß Angermann, ganz vergessend, daß er kaum eine
Stunde zuvor auf der Kanzel gestanden, allerhand
gute und schlechte Witze durch einander zu reißen
begann.

Bei Louise und Hammermeister gab sich diese
fröhliche Stimmung in derselben Weise kund wie bei
den bevorzugteren und begabteren Klassen der Vogel=
welt.

Sie fingen an zu singen.

Sie konnten dies auch ohne Scheu thun.

Weit und breit herum war kein Mensch zu sehen,
und es war ordentlich schade, daß die herrlichen zwei=

stimmigen Lieder, welche wie melodische Vorboten des nahenden Lenzes in die Lüfte hinaufschallten, keinen Zuhörer weiter hatten als den einen, der sich oben= drein im Stillen freuete, als er bedachte, daß er morgen diesen Zwiegesang, der seine Eifersucht rege machte, nicht mehr hören würde.

So erreichte man endlich nach einem beinahe dreistündigen Marsch die Anhöhe, auf welcher die alte malerische Ruine stand, von deren zur Hälfte noch stehendem Thurme aus man ein prachtvolles Panorama der ganzen Umgegend vor Augen hatte.

Hammermeister beeilte sich, dienstfertig die im obern Stockwerk angebrachten Steinsitze nebst dem in der Mitte derselben stehenden Tisch abzustäuben.

Dann wurden die beiden Umhängetaschen und das Körbchen ausgepackt und Louise begann die mit= gebrachten Eßwaaren fein und appetitlich auf dem Tische zu arrangiren, während Angermann eine der bei= den Weinflaschen entkorkte und die Gläser füllte.

Die alte Burgruine lag ungefähr auf der Hälfte des Weges von Grünheim nach Bleichfurt und, nachdem unsere Freunde von der Richtung des letztgenannten Orts her die zur Zeit ihrer Blüthe für fast unbe= zwinglich angesehene Burg friedlich eingenommen und sich darin festgesetzt hatten, naheten von der andern Richtung her zwei uns ebenfalls bekannte Persönlich=

keiten, um in Bezug auf die Ruine wahrscheinlich ein
Gleiches zu thun wie Hammermeister und seine Freunde.

Es waren, wie der Leser sofort erräth, der alte
Uhrmacher und der Fremde, dem er sich zum Führer
und Begleiter auf diesem Spaziergange angeboten hatte.

„Seht," sagte Angermann, der so saß, daß er
die Richtung, in welcher die Beiden naheten, durch
die ihm gegenüber befindliche Fensteröffnung mit den
Augen l streichen konnte, „wie es scheint, sind wir
nicht die Einzigen, die heute das schöne Wetter in's
Freie herausgelockt hat. Da kommen zwei Herren von
Grünheim her ebenfalls die Höhe heraufgestiegen."

Louise und Hammermeister überzeugten sich durch
einen raschen Blick von der Richtigkeit dessen, was
Angermann gesagt.

Wären die beiden Wanderer schon näher gewe=
sen, so hätte der Notar in dem einen höchstwahr=
scheinlich den Verwandten erkannt, dessen Bekannt=
schaft er erst vor wenigen Tagen gemacht.

In diesem Augenblick aber war die Entfernung
noch zu beträchtlich, als daß selbst das schärfste Auge
Gesichtszüge oder andere charakteristische Merkmale
zu unterscheiden vermocht hätte.

„Das ist aber recht störend!" sagte Louise, indem
sie ihren kleinen frischen Rosenmund zu einem aller=
liebsten Schmollen verzog. „Wir waren hier so hübsch
16*

allein und wer weiß, was für unangenehme Menschen=
kinder es sind, die sich hier zu uns gesellen wollen."

„Ob sie sich zu uns gesellen wollen, ist noch sehr
die Frage," bemerkte Angermann in gedämpftem
Tone, obschon er durchaus noch nicht zu fürchten
brauchte, von den beiden Männern gehört zu werden.

„Jawohl," fügte Hammermeister hinzu; „wenn
wir uns so setzen, daß wir von unten nicht gesehen
werden können und uns dann fein ruhig verhalten,
so ist es leicht möglich, daß die beiden Herren, nach=
dem sie die Aussicht ein wenig genossen, sich wieder ent=
fernen ohne erst hier diesen alten Thurm zu erklettern."

Man gruppirte sich, Hammermeister's Rath zu=
folge, in der von ihm angegebenen Weise und sprach
von nun an blos flüsternd.

Martin Schüßler und der Fremde kamen mitt=
lerweile immer näher und langsam die Anhöhe herauf.

Der alte Uhrmacher hatte während der verhält=
nißmäßig kurzen Zeit, wo er an der Seite des Frem=
den einherschritt, schon mehr als einmal Ursache ge=
habt, sein zuvorkommendes Anerbieten zu bereuen
und der Worte Justinens zu gedenken, welche so ent=
schieden behauptet, daß dem Fremden nichts Gutes
ähnlich sehe.

Derselbe war im höchsten Grade schroff und
rechthaberisch. Mochte Martin Schüßler nun dieses

oder jenes Thema zur Sprache bringen, so konnte er darauf rechnen, daß sein Begleiter anderer Ansicht war als er, und ihn fast mit dürren Worten der Ignoranz in Dingen beschuldigte, in welchen Martin Schüßler doch ganz genau unterrichtet war.

Letzterer nahm sich daher auch sehr bald vor, sich von diesem unangenehmen Gesellschafter so bald als möglich wieder zu trennen.

Er hatte ihm gleich bei dem Austritt aus dem Städchen die ihm schon von dort aus sichtbare Burg-ruine gezeigt und vorgeschlagen, diese zum Ziel ihrer Wanderung zu machen.

So weit wollte er ihn nun auch, um sein Ver=sprechen nicht unerfüllt zu lassen, führen, dann aber, nachdem er ihm kurz die hervorragendsten Punkte der Umgegend genannt, sich sofort wieder mit oder ohne ihn auf den Rückweg machen und sich dann seiner für immer entledigen.

Hätte er nicht am Vormittag jene inhaltschwere Mittheilung im Waldenburger Anzeiger gelesen, so hätte er es im Interesse seines Erwerbes für räthlich erachtet, sich von einem anscheinend so wohlhabenden Manne, der noch ein guter Kunde werden konnte, etwas gefallen zu lassen.

Jetzt aber, wo er wußte, das er binnen wenigen Tagen ein Mann von drei= oder vierhunderttausend

Thalern sein könne, war er nicht gemeint, lange die
verletzenden Bemerkungen und Grobheiten eines Man=
nes anzuhören, den er nicht kannte, den er vielleicht
in seinem Leben nie wieder zu sehen bekam und gegen
den er keinerlei Verpflichtungen hatte.

Die Stimmung, in welcher der Uhrmacher und
sein Begleiter die Höhe der alten Burg erstiegen, war
daher keineswegs eine so heitere wie die der drei
Personen, welche etwa eine halbe Stunde früher von
der andern Seite her gekommen waren.

Gleichwohl konnte Martin Schüßler in seiner Gut=
müthigkeit, als sie endlich in dem alten Burghofe
standen, nicht umhin, in freundlichem Tone zu sagen:

„Nun, wie finden Sie die Aussicht, Herr Baron?“

„Na, es geht,“ entgegnete der blasirte Fremde,
l...cher sich beim Beginn des Spaziergangs auf
Schüßler's schüchterne Erkundigung nach seinem Stand
das Prädicat beigelegt, bei welchem sein Begleiter
ihn dann natürlich auch nannte.

„Wenn Sie vielleicht mit mir den Thurm er=
steigen wollen, Herr Baron, so wird sich Ihnen Alles,
was wir hier sehen, noch weit schöner und freier
präsentiren,“ fuhr Martin Schüßler fort.

„Das werde ich wohl bleiben lassen,“ entgeg=
nete der angebliche Baron. „Ich kann dieser Um=
gegend keinen rechten Geschmack abgewinnen. Es

lohnt nicht der Mühe, deswegen diesen Berg zu er=
steigen, und nun gar noch dieses alte verfallene Ge=
mäuer hinaufzuklettern, worin man sich höchstens die
Kleider schmutzig macht, das fällt mir vollends nicht ein!"
Die Anzüglichkeiten, welche der soit-disant Baron
seinem Begleiter bis jetzt gesagt, hatte dieser, als
nur ihn berührend, ruhig, wenn auch mit heimlichem
Ingrimme eingesteckt. Ihn aber auch so verächtlich
sich über eine wirklich schöne Natur aussprechen zu
hören, das konnte Martin Schüßler nicht überwinden.

„Herr Baron," sagte er, „entweder haben Sie
keinen Sinn für das Schöne oder Sie wollen mich
blos ärgern."

„Ich Sie ärgern?" entgegnete der Fremde, in=
dem er seinen Begleiter mit verächtlichem Blicke
maß. „Dazu sind Sie mir viel zu unbedeutend."

„Zu unbedeutend? Wie meinen Sie das?"
fragte Martin Schüßler, dem nun, wie man zu sa=
gen pflegt, der Wurm über die Leber lief.

Der angebliche Baron nahm eine noch höhni=
schere Miene an als er bis jetzt gethan, und sagte:

„Ein Mann, der nicht einmal sein Handwerk
ordentlich versteht, wird sich doch nicht etwa für
einen bedeutenden ausgeben wollen?"

Das war dem alten Uhrmacher doch ein wenig

zu arg und er rief, indem ihm die Zornadern auf der Stirn schwollen:

„Ich verstünde mein Handwerk nicht? Wie können Sie sich unterstehen, so etwas zu sagen? Habe ich Ihnen vielleicht Ihr lumpiges Glas nicht gut genug eingesetzt?"

„Von meinem lumpigen Glas ist keine Rede, wohl aber von der Thurmuhr in Grünheim, die Sie zu stellen haben, und die heute Morgen beinahe eine Viertelstunde zu früh ging."

Der Uhrmacher schlug nun ein lautes Gelächter auf. Daß ein Landwirth, denn als ein solcher geriete sich sein Begleiter, ihm sagen wollte, welche Zeit es eigentlich sei, das kam ihm förmlich komisch vor und er rief:

„Ich stelle die Thurmuhr nach meinem Chronometer und dieser wird jeden Mittag mittelst des Quadranten regulirt."

„Ich frage den Teufel nach Ihren Chronometern, Quadranten und wie diese nichtsnützigen Dinge sonst heißen mögen. Ich sage, Ihre Thurmuhr geht falsch und damit basta, Sie alter einfältiger Schwätzer!"

„Herr!" rief der alte Uhrmacher, den es trotz seiner achtundsechzig Jahre bei dieser directen Beleidigung in den Fäusten zu jucken begann, „Sie

schimpfen; auf einen Schimpf aber gehört ein Schlag,
wissen Sie das?"

„Ja, das weiß ich," entgegnete der Beleidiger.
Zugleich machte er mit der einen Hand eine ver=
dächtige Bewegung hinter dem Rücken, als ob er etwas
aus der Tasche seines großen Ueberrocks ziehen wollte.

„Das weiß ich," sagte er nochmals; „ich weiß
aber auch, daß ich mir in meinem Leben nie einen
Schlag habe anbieten lassen, ohne meinem Gegner
sogleich selbst einen zu versetzen."

Und ehe der alte Uhrmacher noch eine Hand zu
einer Vertheidigung emporheben konnte, schlug ihm
der verkappte Bandit mit einem Instrument, welches
aussah wie ein kurzer, starker, aber biegsamer Stock,
den Hut vom Kopfe und ließ dann mit Blitzesschnelle
und mit vermehrter Kraft auf das entblößte, nur
durch das weiße volle Haar geschützte Haupt des
alten Mannes einen zweiten so furchtbaren Hieb fol=
gen, daß der Getroffene sofort und ohne einen Laut
von sich zu geben zu Boden stürzte.

Rasch bückte sich dann der Mörder, um seinem
Opfer durch noch mehrere Schläge vollends den Gar=
aus zu machen, als plötzlich von der Höhe des alten
verfallenen Thurms ein gellender Angstschrei erscholl.

Ueberrascht und erschrocken blickte der Bandit
auf und sah oben an der Fensteröffnung des Thur=

mes eine händeringende, bleiche, weibliche Gestalt.

.. Zugleich aber hörte er auch rasche männliche Tritte mit Sturmeseile die steinernen Treppen des Thurms herabkommen und binnen wenigen Secunden sah er, daß er es nun mit zwei großen, starken, jungen Männern zu thun bekommen würde, welche unter lauten Ausrufungen des Zorns und Entsetzens auf ihn zugestürzt kamen.

Er hatte eben nur noch Zeit, das Mordinstrument, dessen er sich jetzt bedient, aus der rechten in die linke Hand zu nehmen und mit der erstern aus der Seitentasche seines Rocks ein doppelläufiges Pistol zu reißen, welches er, nachdem er rasch beide Hähne gespannt, seinen Angreifern entgegenhielt.

Diese ließen sich jedoch dadurch nicht zurückschrecken.

Er drückte, als er dies bemerkte, sofort beide Läufe einen nach dem andern ab und sprang dann über eine niedrige Stelle der Umfassungsmauer auf steilem, ungebahntem Wege den Berg hinunter, an dessen Fuße er im Gebüsch verschwand.

Heinrich Hammermeister war unverletzt, Karl Angermann aber sank von Blut überströmt zur Erde.

~~~~~~

Ende des ersten Bandes.